W0359896

Die Bedeutung der Sprache in Bezug auf die Sichtbarkeit aller Geschlechter ist uns bewusst. Wir haben uns daher für eine Variante der geschlechtergerechten Formulierung entschieden, die abwechselnd die weibliche und die männliche Form verwendet. Wir hoffen, dass dadurch sowohl die Präsenz beider Geschlechter als auch der Lesefluss gewahrt bleiben.

Die Begriffe aus dem Lexikon wurden für die zweite Auflage überarbeitet.
Dabei wurden sie zum Teil mit dem Online Lexikon der Demokratiewerkstatt angeglichen: *www.demokratiewebstatt.at/wissen/demokratie-lexikon*
Manche Begriffe oder Teile davon haben wir dem Politiklexikon für junge Leute vom Verlag Jungbrunnen, im Auftrag des Bildungsministeriums entnommen:
www.politik-lexikon.at (Kommunismus, Konvention, Minderheit, Novelle, Souveränität)

Franz-Joseph Huainigg

geboren 1966 in Kärnten. Studium der Germanistik und Medienkommunikation an der Universität Klagenfurt. Kinderbuchautor, Kabarettist und engagierter Mitkämpfer in der Integrationsbewegung für ein selbstbestimmtes Leben behinderter Menschen. Er war von 2002 bis 2017 Abgeordneter des österreichischen Parlaments und lebt mit seiner Frau und seinen beiden Kindern in Wien.

Carola Holland

geboren in Luckau bei Berlin. Preisgekrönte Illustratorin und Grafikerin. Lebt heute in Wien.

Wer macht die Gesetze?

Parlament und Politik in Österreich

mit Illustrationen von Carola Holland

Vorwort

Als ich während meiner Schulzeit mit meiner Klasse nach Wien fuhr, besuchten wir das Technische Museum, das Schloss Schönbrunn, den Flughafen Wien und das Parlament. Ich kann mich noch erinnern, wie ich im Plenarsaal stand und ehrfürchtig auf das Rednerpult blickte. Ich hatte den Eindruck, dass hier etwas ganz Wichtiges passiert. Damals dachte ich, dass Politik nur etwas für Erwachsene ist und man als Kind oder Jugendliche noch gar nicht mitreden kann. Doch das stimmt nicht!
In diesem Buch erfährst du wie Politik, Parlament und das **Machen von Gesetzen** funktionieren, außerdem bekommst du Tipps und Ratschläge, wie du selbst politisch aktiv sein kannst.

Jährlich besuchen rund 50.000 Schülerinnen und Schüler das Parlament. Um das Gebäude und die Geschehnisse besser zu verdeutlichen, ist die Idee entstanden, ein Buch für Kinder zu schreiben. Ein Rundgang durch das Parlament, Schilderungen der Politik in Österreich, aber auch übergreifend auf die Europäische Union, eine historische Zusammenfassung und Adressen zum Nachschlagen, sowie ein Lexikon, Fotos, Grafiken und anschauliche Beispiele geben einen guten Einblick in die Welt der Politik.
Als Abgeordneter und somit **Insider** hat es mir viel Spaß bereitet, die Arbeit im Parlament zu beschreiben. Natürlich wurde größter Wert darauf gelegt, dass keine Partei bevorzugt oder benachteiligt wird.

Das österreichische Parlament setzt sich aus zwei Kammern zusammen, dem Nationalrat und dem Bundesrat. Ich war 15 Jahre lang Abgeordneter zum Nationalrat und aufgrund dieser Erfahrungen stehen die Arbeitsprozesse im Nationalrat an manchen Stellen im Vordergrund, wobei ich jedoch bestrebt war, auch den Bundesrat und das parlamentarische Verfahren in der Länderkammer angemessen zu berücksichtigen. Sollte das aus der Sicht des Bundesrates nicht immer im ausreichenden Maße gelungen sein, wird dafür um Verständnis ersucht.

Noch ein paar Hinweise zur Benutzung: Alle blau markierten Begriffe werden im Lexikon ab **Seite 88** genauer erklärt. Immer wenn es interessante Zusatzinformationen gibt, tritt die kleine Eule Emmi auf; du findest sie in den Kästchen am Rande der Seiten.

Ich habe versucht ein umfassendes und neutrales Buch über das Parlament und die Politik in Österreich zu schreiben; sollten dennoch Informationen fehlen, bitten wir darum, das zu entschuldigen.
Wenn du weitere Fragen hast, kannst du dich gerne direkt an das Parlament wenden **(www.parlament.gv.at)**. Du kannst dich auch im BesucherInnenzentrum des Parlaments über **Parlamentarisches** schlau machen. Normalerweise befindet es sich unterhalb der Rampe im Parlament, aber weil das Parlamentsgebäude die nächsten drei Jahre umgebaut wird und der Nationalrat in der Hofburg tagt, findest du auch das neue BesucherInnenzentrum beim Haupteingang am Josefsplatz.
Wenn du Politik noch näher kennen lernen willst, kannst du an einem der verschiedenen Workshops der **Demokratiewerkstatt** teilnehmen. Hier geht es um die Themen Politik mitgestalten, Demokratie, Europa und die Arbeit mit Medien. Du kannst eigene Zeitungs-, Radio- und Filmbeiträge gestalten, die dann präsentiert werden.

Zum Schluss noch ein paar Wörter zur Neuauflage: Dieses Buch ist in seiner ersten Version 2005 erschienen. In den letzten zwölf Jahren hat sich in der Politik und vor allem bei den Gesetzen viel getan. Das Wahlalter wurde beispielsweise von 18 auf 16 Jahre gesenkt, man kann per Briefwahl wählen und die politische Beteiligung der Bürger und Bürgerinnen ist auch einfacher geworden. Die Medienlandschaft hat sich verändert und Radio und Fernsehen sind nicht mehr für alle die Hauptquelle für Informationen. All diese Änderungen und Trends und noch mehr sind in die zweite Auflage eingeflossen.

Als Leserin oder Leser dieses Buches sollte man stets im Hinterkopf behalten, dass es möglicherweise wieder die eine oder andere Änderung gab. Das Recht und die Politik sind ihrer Natur nach ständig im Wandel begriffen. Insgesamt wird dieses Buch aber dennoch ein umfassendes und (hoffentlich) verständliches Bild der Politik zeichnen.
Zahlen, Gesetze, Bezeichnungen und Internetadressen beziehen sich auf den Stand Oktober 2017.

Und nun auf zum Abenteuer Politik!
Franz-Joseph Huainigg

Inhalt

Die Europäische Union (EU)

Politisch aktiv werden

Der Weg zur heutigen Demokratie

Lexikon

Internetlinks und Adressen

Die Schulklasse und die Insel

Eine anschauliche Einführung in die Welt der Politik

Stell dir vor ...

... du unternimmst mit deiner Schulklasse eine Schiffsreise. Ihr habt es lustig und freut euch, statt der stickigen Schulluft einmal frischen Seewind zu genießen. Eure Eltern und Lehrer habt ihr zu Hause gelassen, so bleibt euch viel Freiraum zu tun, was euch gerade einfällt. Besonders lustig ist es, vom Schiff ins Meereswasser zu springen, sich abzukühlen und mit Schnorchel und Schwimmbrille den Fischen zuzusehen. Plötzlich werden die Wellen größer, bilden Schaumkronen und der Wind verwandelt sich in einen heftigen Sturm. Das Schiff wird hin und her gebeutelt, Blitze zucken vom Himmel, die Kapitänin schwitzt und klammert sich an das Steuerrad. Aber vergebens – das Schiff geht unter und ihr landet alle im kalten Wasser. Am nächsten Morgen erwacht einer nach dem anderen von euch auf dem Sandstrand einer Insel. Die Sonne wärmt euch wieder auf, während ihr euch im Kreis zusammensetzt und nicht so recht wisst, was nun geschehen soll. Die Handys funktionieren nicht mehr, die Insel scheint unbewohnt zu sein und weit und breit nur Sonne, Strand, Meer und ein kleiner Wald mit einem Fluss. »Hier ist es so schön, wir sollten diese Insel Österreich nennen«, schlägt jemand vor. Das allgemeine Lachen zeigt die Zustimmung aller und so heißt die Insel fortan Österreich.

Ihr müsst nun beginnen, euch zu organisieren, damit ihr gut miteinander leben könnt. Eine Hütte oder mehrere müssen gebaut werden, ihr braucht einen Schlafplatz, Feuer und eine Kochstelle, etwas zum Essen, Wasser zum Trinken, und die Kleider müssen gerichtet und gewaschen werden. Wahrscheinlich werdet ihr das im Kreis mit allen gemeinsam besprechen. Und dann werdet ihr wohl Gruppen bilden und festlegen, wer was tut. Um die Aufgaben leichter zu erledigen, werdet ihr wahrscheinlich eine Chefin bestimmen. Auch um die Gruppe gegenüber den anderen zu vertreten, wird ein solcher Chef nützlich sein. Wer eine Chefin sein wird und für was, wird sich aus seinen oder ihren Fähigkeiten ergeben. Der eine kann gut Fische fangen, die andere ist sehr geschickt und hat schon eine Idee, wie man so eine Hütte baut. Wenn ihr nicht festlegt, wer der Chef sein soll, wird es bald zu Streitereien untereinander kommen. Denn jede weiß besser, was zu tun ist und arbeitet alleine vor sich hin. Das würde zu einem großen Chaos führen und die Hütte beispielsweise würde nie fertig gestellt werden. Viele Aufgaben können nur gemeinsam gelöst werden, jeder muss dabei etwas tun. Und man braucht eine Person, die den Überblick behält und sagt, wo es lang geht (natürlich heißt das nicht, dass die Chefs nur Anweisungen geben und selbst nicht mitarbeiten!).

Für die ersten Monate werdet ihr so gut über die Runden kommen. Konflikte werden gemeinsam in der Gruppe besprochen und Lösungen gesucht. Österreich besteht schon aus einer Hütte, einem Zaun, einer Feuerstelle und einem gut funktionierenden Fischfang. Im Laufe der Monate und Jahre wird eure Gesellschaft größer. Ihr werdet erwachsen und bekommt Kinder. Es kentern ständig Schiffe und neue Schiffbrüchige werden an Land gespült. Österreich hat jetzt so viele Einwohnerinnen, dass ihr die Entscheidungen nicht mehr gemeinsam in einem Kreis treffen könnt.

Deshalb überlegt ihr euch die Chefs gemeinsam zu bestimmen, die dann zusammen sitzen und beraten, was als Nächstes getan werden muss. Die Chefinnen werden geheim gewählt, damit wirklich jeder den oder die wählen kann, den er will. Wie lange sie Chefinnen bleiben, wie sie gewählt werden und wie man sie bei Problemen wieder loswerden könnte, wird auf einem Papier festgelegt. An dem Papier dürfen alle mitarbeiten, ihre Ideen, Meinungen und Vorstellungen einbringen. Dieses Papier ist sehr wichtig, es ist das erste **Gesetz**, das regelt, wie der neue **Staat** Österreich

funktioniert. Ihr nennt es daher Bundesverfassung. Die Chefs setzen sich regelmäßig zusammen und beraten über neue Regeln des Zusammenlebens. Es braucht Ärztinnen, die ausgebildet werden müssen und Krankenpfleger, die sich um die Patientinnen kümmern. Schulen sind schon längst überfällig und auch die Müllversorgung macht Probleme. Denn alle schmeißen ihre Essensreste nur aus dem Hüttenfenster und so stinkt es in Österreich ziemlich. Diese neuen Aufgaben sind für alle da. Die Chefs überlegen sich daher, wer was davon übernehmen kann. Eine bestimmte Frau wäre beispielsweise eine gute Lehrerin. Allerdings hat sie, wenn sie sich um die Schule kümmert und diese aufbaut, keine Zeit mehr, sich um ihre Familie zu kümmern. Das müssen alle gemeinsam, also als Gemeinschaft übernehmen. Die Lehrerin bringt eine Leistung für alle und alle helfen ihr dafür, dass es ihr gut geht. Diese Aufgaben werden von den Chefs Sozialleistungen genannt. Österreich wird zu einem Sozialstaat.

Fürs Erste reicht es, durch den Tausch von Essen gegen Arbeit und umgekehrt alles zu regeln. Mit der Zeit wird von den Chefinnen, die sich nunmehr Minister nennen,

Geld erfunden. Wer etwas tut und leistet, bekommt dafür Geld. Mit diesem Geld kann er sich wiederum Leistungen und Arbeit von anderen kaufen. Auch die Ministerinnen benötigen Geld, damit sie die Sozialleistungen wie Krankenhaus, Schule, Müllversorgung, Straßenbau usw. finanzieren können. Um Geld für die Aufgaben zu bekommen, werden Steuern eingeführt. Jeder Bürger und jede Bürgerin zahlt an die Minister einen bestimmten Betrag, wenn sie etwas kaufen oder verkaufen. Steuern müssen auch bezahlt werden, wenn man Leistungen des Staates in Anspruch nimmt.

Wir leben heute in einem Land, das gut organisiert ist. Die Kinder können in die Schule gehen, bekommen gratis Schulbücher und auch die Busse von der Schule nach Hause fahren mehr oder weniger regelmäßig. Niemand braucht sich Sorgen zu machen, wie er die Schule oder die Lehrerin bezahlen soll. Das regelt und organisiert der Staat. Doch wer ist der Staat? Der Staat sind letztlich wir alle. Jeder und jede einzelne von uns. Das wird oft vergessen. Viele schimpfen und jammern, tun aber nichts dafür, dass sich etwas verändert. Wie es uns hier im Staat Österreich ergeht bestimmen nicht nur die Politikerinnen ganz oben, sondern jeder von uns.

Der Staat sind wir alle!

Briefwechsel mit dem Präsidenten

Mails und ein Brief zwischen dem Nationalratspräsidenten und einer 10-jährigen Schülerin

Lieber Präsident!

Ich habe dich gestern Abend in den Nachrichten gesehen. Normalerweise finde ich das alles ziemlich langweilig, was da erzählt wird. Aber als du im Fernsehen gesagt hast, dass ihr im Hohen Haus so viele Mäuse habt, die euch die Computerkabel annagen, da habe ich eine Idee gehabt.

Warum schafft ihr euch nicht eine Katze an? Ich habe auch eine Katze, sie heißt Minki und sie legt uns jeden Tag mindestens drei Mäuse vor die Tür. Wenn ihr so eine Katze hättet, wärt ihr das Problem bald los.

Wenn du Katzentipps brauchst, schreib mir bitte zurück.

Deine Nicole, zehn Jahre

Liebe Nicole!

Vielen Dank für deinen Brief und den tollen Ratschlag! Eine Parlamentskatze wäre vielleicht wirklich eine gute Lösung.

In der Hofburg gibt es übrigens eine **Dienstkatze** – oder eher einen **Dienstkater.** Er ist rot und heißt Figaro. In seinem Revier sorgt er bei den Mäusen für Ruhe und Ordnung. Allerdings ist die Arbeit von Figaro durch die neuen Brandschutztüren im Keller, die immer verschlossen sein müssen, sehr schwierig geworden. Man sieht ihn jetzt öfters im Burggarten herumspazieren, zu dem er eine eigene Türe besitzt. Er wird von allen geliebt und ist neben seiner Rolle als Mäusejäger auch Maskottchen der Hofburg.

In der Hofburg arbeitet übrigens der Bundespräsident, er ist das Staatsoberhaupt von Österreich. In Österreich gibt es also zwei Präsidenten, denn ich bin ja Präsident des Nationalrates im **Hohen Haus**, also dem Parlament. Und wenn du die Präsiden-

ten der Bienenzüchter, der Fußballmannschaften und so weiter mit dazu zählst, ist Österreich überhaupt das Land der Präsidenten.
Vielleicht kommst du mich einmal im Hohen Haus an der Wiener Ringstraße besuchen, dann könnte ich dir auch zeigen, wo die Katzen leben und arbeiten würden. Du müsstest allerdings deinen Ausweis mitbringen, damit man dich beim Haupttor hineinlässt.

Wenn du Lust hast, kannst du dir ja auch einmal im Fernsehen eine Übertragung einer Debatte des Nationalrates ansehen, dann siehst du, was wir hier im österreichischen Parlament tun. Oder wie wäre es, wenn du einmal an einer Demokratiewerkstatt teilnimmst, da können Jugendliche selbst Radiosendungen, eine Straßenumfrage mit der Videokamera oder eine Zeitung zu Fragen rund um die Politik gestalten. Das macht vielen Jugendlichen großen Spaß und sie kommen immer wieder.
Ach ja, soweit ich gehört habe, hat der Präsident von Amerika auch eine Katze. Allerdings weiß ich nicht, ob sie an seinem Arbeitsplatz im Weißen Haus in Washington auch die Mäuse jagen darf.
Wenn wir uns eine Katze anschaffen sollten, wäre ich dir dankbar, wenn du uns entsprechend beraten könntest.

Mit lieben Grüßen, Dein Präsident

Lieber Präsident!

Neulich war ich krank und habe am Vormittag eine Fernsehsendung aus dem Parlament angesehen. Wenn ich ehrlich sein soll, fand ich es aber ziemlich langweilig. Einer nach dem anderen redete vorne ins Mikrofon und ich habe nicht verstanden, worum es überhaupt ging. Und ich glaube die Zuhörerinnen im Parlament auch nicht, denn einige haben Zeitung gelesen, andere surften im Internet, ein Mann gähnte, eine Frau aß heimlich Schokolade. Viele Sitze waren überhaupt leer. Unser Lehrer ist ja auch oft langweilig, und redet und redet. Aber wir tun wenigstens so, als wären wir interessiert.

Am Abend habe ich meinen Eltern erzählt, dass ich eine Live-Übertragung aus dem Parlament gesehen habe. Sie meinten: »Aha, konnten sich die Politikerinnen denn diesmal einigen?«

Ich habe ihnen auch von deiner coolen Glocke erzählt, mit der du läutest, wenn alle still sein sollen. So eine Glocke bräuchte unser Direktor vor allem in den Pausen.

Eine Frage hätte ich schon: Was tut ihr überhaupt im Parlament? Meine Eltern erzählten irgendetwas über Abgeordnete und Gesetze... Ich habe nichts davon verstanden. Vielleicht kann ich wirklich einmal an einer Demokratiewerkstatt im Parlament teilnehmen. Ein Präsident hat ja ziemlich viel zu tun, aber vielleicht hast du einmal Zeit, mir das zu erklären.

Liebe Grüße, Nicole

P.S.: Minki ist seit einer Woche verschwunden. Vielleicht hat sie sich selbst ins Parlament aufgemacht und taucht dort demnächst auf – ich habe nämlich sehr oft von den vielen Mäusen dort erzählt und sie hat dabei ganz große Augen bekommen. Es könnte aber auch sein, dass sie wieder Junge kriegt und sich deswegen irgendwo versteckt. Mal sehen.

Liebe Nicole!
Vielen Dank für deinen Brief, ich hoffe, dass du inzwischen wieder gesund bist. Ich finde es wirklich toll, dass du dir die Diskussionen im Parlament angesehen hast! Und ich kann verstehen, dass es für dich eigenartig sein muss, wenn viele gar nicht zuhören oder nicht im Sitzungssaal anwesend sind. Dazu muss man aber sagen, dass eine Sitzung oft über vierzehn Stunden dauert – und das ohne Pause. Stell dir mal vor, eine Schulstunde wäre so lang. Da bräuchtet ihr auch zwischendurch mal eine Pause.

Das Parlament ist der Ort, wo Politiker ihre persönlichen Meinungen austauschen können. Es wird viel diskutiert und die Abgeordneten rollen dabei oft mit den Augen, klopfen mit der Hand auf den Tisch oder rufen der Rednerin etwas zu. Das ist auch ganz in Ordnung, solange der Redner weitersprechen kann und man ihm zuhört. Miteinander diskutieren ist im Parlament wichtig. Wenn der Meinungsaustausch zu heftig wird und keiner mehr den anderen versteht, habe ich ja noch meine Glocke. Jetzt wirst du dich fragen, über was denn da so viel geredet wird. Ob das denn notwendig ist und wen das überhaupt interessiert. Interessieren sollte es alle. Denn hier im Parlament werden Gesetze beschlossen, die alle etwas angehen.

Du fragst dich nun sicher: Aber was genau sind denn eigentlich Gesetze?
Ich möchte dir das kurz am Beispiel Fußball erklären: Damit die Spielerinnen wissen, dass sie den Ball ins gegnerische Tor und nicht ins eigene schießen müssen oder es verboten ist, den Ball unter dem Hemd versteckt ins Tor zu tragen, gibt es Spielregeln. Verboten ist natürlich auch, den Schiedsrichter zu verhauen oder mit einer eigenen Pfeife das Spielende festzulegen und vieles mehr. Kurz gesagt: Wer Fußball spielt muss sich an die Spielregeln halten und solche Regeln gibt es überall im Leben: Man nennt sie Gesetze.

Auch du hältst dich täglich an diese allgemeinen Regeln, zum Beispiel im Straßenverkehr. Auch wenn du noch nie etwas von der Straßenverkehrs-

ordnung gehört hast, so bleibst du doch bei einer roten Fußgängerampel stehen. Dass man das tun muss, steht als Regel in diesem Gesetz. Ohne dieses Gesetz wäre auf den Straßen ein großes Durcheinander und es wäre sehr gefährlich, auch nur einen Schritt aus dem Haus zu gehen.
Im Parlament wird über diese Spielregeln diskutiert. Wenn ein Gesetz beschlossen wird, muss sich jede und jeder im Land daran halten. Da es zu unübersichtlich wäre, wenn jeder Mensch im Land im Parlament mitdiskutieren könnte, werden so genannte Volksvertreterinnen oder auch Abgeordnete gewählt – vielleicht haben deine Eltern schon einmal gesagt, dass sie zur Wahl gehen.
Das klingt vielleicht alles sehr kompliziert. Im Grunde geht es im Parlament darum, wie wir alle in diesem Land am besten miteinander leben können. Ein Abgeordneter oder eine Abgeordnete zu sein ist daher eine sehr verantwortungsvolle Aufgabe. Es ist aber auch besonders wichtig, dass sich die Leute damit beschäftigen, was im Parlament getan wird, denn jeder kann seinen Teil dazu beitragen.
Es freut mich sehr, dass du dich dafür so interessierst. Übrigens kannst du dich auch über die Demokratiewerkstatt im Internet informieren:
www.demokratiewebstatt.at.

Deine Katze Minki ist hier im Parlament übrigens noch nicht aufgetaucht, ich habe gerade extra den Portier angerufen. Ich hoffe, sie ist bereits wieder bei euch zu Hause.

Liebe Grüße, Dein Präsident

Das Wort Parlament bezeichnet zum einen das Gebäude selbst, zum anderen aber auch die Gesamtheit der Parlamentarierinnen. Es bedeutet so viel wie Volksvertretung und kommt aus dem Französischen von parler = sprechen.
Das Parlament hat drei wichtige Aufgaben: 1. Gesetze beraten und beschließen, 2. die Kontrolle der Regierung, 3. die Information der Bevölkerung.

Lieber Präsident!

Minki ist wieder aufgetaucht! Im beiliegenden Körbchen findest du zwei kleine Kätzchen, es sind ihre beiden Kinder. Mein Papa hat zunächst gedacht, es wäre nur ein Spaß, aber ich habe ihn davon überzeugen können, dass die beiden Katzen dringend im Parlament benötigt werden. Schließlich ist es unsere Bürgerpflicht (ein tolles Wort, habe ich gerade in der Schule gelernt), dem Präsidenten zu helfen. Du warst leider nicht da und so habe ich die Kätzchen beim Portier abgegeben. Er wollte sie zuerst nicht nehmen, aber ich sagte, dass ich den Präsidenten persönlich kenne und er das Körbchen dringend benötigt.

Als Kinder von Minki werden sie sicherlich tolle Mäusefänger werden. Ich habe ihnen bereits Namen gegeben: Sie heißen Parlamentina und Parlamentino. Bitte schreib mir, ob es den Kätzchen im Parlament gut geht.

Liebe Grüße, Nicole

P.S.: Ich habe beschlossen, Abgeordnete zu werden. Ich möchte selbst die Spielregeln mitbestimmen, nach denen wir leben – das ist eine spannende Sache. Meinen Lehrer habe ich überredet, dass die ganze Schulklasse bei der Demokratiewerkstatt mitmacht. Er hat uns schon angemeldet und ich freue mich schon riesig darauf. Da wäre ich dann auch im Parlament und könnte nach den Katzen sehen.

Übrigens kannst du weitere Informationen auch im Internet nachschauen, die Homepage vom Parlament lautet: www.parlament.gv.at!

Das Parlament wird auch Hohes Haus genannt. Das hängt aber nicht mit seiner Höhe, sondern mit der Wichtigkeit und seinem hohen Stellenwert für das Volk zusammen: Was hier beschlossen wird, gilt für alle!

Wie sieht es im Parlament aus?

Ein Rundgang durch das Parlamentsgebäude

Wenn man in Wien mit der Straßenbahn vom Ring kommt, sieht man gleich das Parlamentsgebäude. Was man nicht sieht, ist, dass das Gebäude unter der Erde genauso groß ist wie über der Erde.

Im Parlament geht es oft zu wie in einem Ameisenhaufen. Abgeordnete, Ministerinnen, Parlamentsdirektionsangestellte, parlamentarische Mitarbeiter und zudem noch viele Besucherinnen laufen im Gebäude herum.

Im Frühjahr 2017 fährt in der Straßenbahn eine Schulklasse in Richtung Parlament. Sie ist eine Woche in Wien, sieht sich die Bundeshauptstadt an und besucht heute das Parlament.

»Ist das das Parlament?«, fragt Tim und deutet auf ein großes Gebäude. Der Lehrer schüttelt den Kopf: »Nein, das ist die Hofburg mit dem Volksgarten.« »Hm«, sagt Tim, »hier arbeitet also der Bundespräsident. Vielleicht spaziert er gerade durch

den Garten.« Er sieht sich die Leute genau an, an denen die Straßenbahn vorbeifährt. »Das da vorne ist das Parlament«, sagt der Lehrer endlich und erklärt, dass es von Architekt Theophil Hansen geplant worden ist.

Theophil Hansen

gilt als der wichtigste Ringstraßenarchitekt. Er wurde 1813 in Kopenhagen geboren und starb 1891 in Wien.
Den Auftrag für das große Projekt eines Parlamentsgebäudes erhielt Hansen im Jahr 1869 von Kaiser Franz Joseph I. Der erste Spatenstich erfolgte im Juni 1874.
Hansen war ein Gesamtkünstler: Er hat auch die gesamte Ausstattung selbst entworfen, von den Türgriffen über die Luster und die Wandbemalung. Außen wollte er das Parlament vergolden lassen und probierte das an einer Ecke auf seine eigenen Kosten aus. Der Kaiser meinte jedoch, die Ringstraße sei schon prachtvoll genug und müsse nicht auch noch vergoldet werden. Daher blieb es nur bei dieser vergoldeten Ecke, die man noch heute sehen kann.

Die Schulklasse steigt aus der Straßenbahn aus. Vor dem Parlament stehen schon Touristen, die das eindrucksvolle Gebäude fotografieren. »Das hier ist die Parlamentsrampe«, erklärt der Lehrer. »Seht ihr dort oben die Frau mit dem Helm und dem Speer in der Hand? Sie heißt **Pallas Athene** und ist die griechische Göttin der Weisheit. «
Dann zeigt der Lehrer auf den Dachgiebel, wo Kaiser Franz Joseph I. abgildet ist. »Der Kaiser hat ja das Gebäude errichten lassen und wollte sich daher gleich beim Eingang verewigen«. »Wem gehört eigentlich das Parlament?«, fragt Tim. »Dem österreichischen Volk, also uns allen«, meint der Lehrer und fügt hinzu: »Mit 16 Jahren könnt ihr mitbestimmen, wer uns im Parlament vertreten und Gesetze beschließen darf. Das ist eine tolle Sache! So etwas gibt es nur in einer Demokratie.«

Wusstest du, dass jährlich etwa 100.000 Menschen das Parlament besichtigen? Das entspricht der Einwohnerzahl einer größeren Stadt!

Vor dem Parlamentsgebäude, also gleichsam zu Füßen des Kaisers im Giebel, liegt sein Reich, dargestellt durch den Monumentalbrunnen mit Pallas Athene in der Mitte und vier weiteren Figuren: Ein Mann und drei Frauen spucken Wasser aus. Sie symbolisieren die vier Hauptflüsse des damaligen Reiches: den Inn, die Donau, die Moldau und die Elbe.

©Parlamentsdirektion/Bernhard Zofall

Die Sage von Pallas Athene

Die kluge Metis, die erste Frau des Zeus, erwartete ein Kind. Da es Prophezeiungen gab, dass Metis eines Tages ein Kind bekommen werde, das über die olympischen Götter herrschen würde, befürchtete Zeus, das Kind könnte stärker werden als er selbst, der »Göttervater«. Daher verschlang Zeus die von ihm schwangere Metis. Das Kind wuchs nun in Zeus selbst heran und er bekam Kopfschmerzen. Um ihn vom Kind (und von den Schmerzen) zu befreien, schlug Hephaistos, der Gott des Feuers und der Schmiedekunst, mit einem Beil auf seinen Kopf und heraus sprang das Mädchen Athene in kriegerischer Rüstung aus schimmerndem Gold.

Beim Besuchereingang wird die Klasse von einer Parlamentsführerin abgeholt, die sie auf ihrem Rundgang begleiten wird. Die Führung beginnt vor der Säulenhalle. Die Parlamentsführerin erzählt: »Wir haben hier ein eigenes Restaurant, einen Parlamentsshop, ein Postamt und eigene Briefträger für das Haus, zusätzlich eine druckluftbetriebene Rohrpost, mit der man Dokumente schnell innerhalb des Hauses transportieren kann, eine Druckerei, eine Bibliothek, eine Computerwerkstatt, eine Tischlerei, eine Wäscherei, eine Ärztin, ein Stromwerk als Notstromanlage, ein Heizwerk, ein Fernsehstudio, eine Telefonzentrale, eine Reinigungsabteilung, ein Rechtsanwaltsbüro, ein Informationsbüro für die Bürgerinnen und Bürger, ein Personalbüro und ein Veranstaltungsbüro.

Diese Einrichtungen sind sehr wichtig, denn auch in Krisenzeiten muss das Parlament weiter tagen können.« Zweimal täglich findet ein Sicherheitsrundgang statt. Er dauert etwa fünf Stunden und die Länge des Fußmarsches beträgt 13-15 Kilometer.

Die Parlamentsführerin geht mit der Schulklasse in den ***Sitzungssaal des Nationalrats***, den man auch *Plenarsaal* nennt. »In diesem Saal werden die Gesetze von den Abgeordneten diskutiert und danach beschlossen. Das sind die Gesetze, an die sich dann alle Menschen in Österreich halten müssen«, erklärt sie. Dann geht es weiter zur Säulenhalle.

Der Raum ist so groß und hoch, dass ein mittlerer Wohnblock mit 30 Wohnungen darin Platz hätte. 24 riesige Säulen schmücken die Halle und alle kommen sich ganz klein vor.
»Diese zehn Meter hohe Säule ist ein so genannter Monolith. Das bedeutet, sie ist aus einem einzigen Stück Marmor und wiegt so viel wie drei Elefanten zusammen oder 16 Kleinautos, also etwa 16 Tonnen«, weiß die Parlamentsführerin. »Das Gebäude wurde vor über 130 Jahren errichtet.«
Staunend sehen sich die Schülerinnen und Schüler um.

»Die Säulen stammen aus einem Steinbruch in Salzburg«, erzählt die Parlamentsführerin weiter. »Was glaubt ihr, wie diese Säulen nach Wien transportiert wurden?« Das große Rätselraten beginnt, aber keiner weiß wirklich eine Lösung. Die Parlamentsführerin beginnt das Rätsel aufzulösen: »Mühsam wurden die Säulen einzeln auf große Kutschen gepackt und 32 Pferde vorgespannt. Wenn eine Säule in Wien angekommen war, ging es zurück nach Salzburg und die nächste Säule war an der Reihe.

Nun ergab sich aber ein weiteres Problem: Wie sollten die Säulen in das Gebäude kommen? Wie beim Pyramidenbau wurde mit Erde und Sand vor dem Parlament eine riesige Rampe gebaut. Die ging quer über die Ringstraße bis weit in den Volksgarten. Jetzt konnten die Arbeiter endlich eine Säule nach der anderen in die Halle bringen und dort mit einem Flaschenzug aufstellen.«

Hunderte Menschen waren zehn Jahre lang mit dem Bau des Parlaments beschäftigt. An der Ausschmückung wurde sogar nach Hansens Tod noch weitergearbeitet, weil er alles in Plänen genau aufgezeichnet hatte. Der Bau des Parlaments kostete ca. 24 Millionen Goldkronen (etwa 200 Millionen Euro).

In der Säulenhalle finden fast täglich Veranstaltungen statt, wie beispielsweise Buchpräsentationen oder Bilderausstellungen. Von der Säulenhalle aus kommt man in viele andere Räume: Da ist z.B. der Bundesratssaal, wo der Bundesrat tagt und ein Abgeordnetensprechzimmer mit vielen Tischen und Sitzmöglichkeiten. Außerdem kommt man von der Säulenhalle aus auch in das Restaurant.

©Parlamentsdirektion/Bernhard Zofall

©Parlamentsdirektion/Bernhard Zofall

»Wir verlassen jetzt die Säulenhalle und gehen in Richtung Sitzungssaal des früheren Abgeordnetenhauses«, sagt die Parlamentsführerin. »Achtet besonders auf die Türgriffe und die Bilder.« Die Klasse kommt in einen sehr alten, riesengroßen Sitzungssaal. »Es riecht ein wenig muffig«, flüstert Marie und schaut sich vorsichtig um.

»Das ist der ***Sitzungssaal des ehemaligen Abgeordnetenhauses***. Er ist vollkommen erhalten geblieben«, beginnt die Parlamentsführerin. »Im Zweiten Weltkrieg wurde das Haus von drei Bomben getroffen, jedoch ist dieses Glasdach aus Kristall nicht einmal durch die starken Druckwellen zu Bruch gegangen.« Ursula kann es kaum fassen, so viel Gold auf einmal hat sie noch nie gesehen. »Ist das alles hier aus echtem Gold?«,

Wusstest du, dass für den Transport einer Säule von Salzburg nach Wien zur Zeit der Erbauung 21 Tage notwendig waren?

Das ehemalige Abgeordnetenhaus und das Herrenhaus

Das Februar-Patent von 1861 bildete eine wichtige Grundlage für die konstitutionelle (also auf einer Verfassung beruhende) Regierung. Es sah einen Reichsrat mit zwei Kammern vor: einem Herrenhaus und einem Abgeordnetenhaus. Die Mitglieder des Herrenhauses wurden ausschließlich vom Kaiser ernannt, während im Abgeordnetenhaus gewählte Vertreter aus dem Bürgertum zusammenkamen.
Die Zweiteilung von Abgeordnetenhaus und Herrenhaus ist an der Gestaltung des Parlamentsgebäudes deutlich zu erkennen. Der Sitzungssaal des ehemaligen Abgeordnetenhauses ist einem griechischen Theater nachgebildet. An der Wand stehen Skulpturen römischer historischer Persönlichkeiten.
Der Sitzungssaal des Herrenhauses war ursprünglich ganz ähnlich gebaut, nur etwas kleiner und reicher verziert. Statt römischen zeigten die Standbilder historischer römischer Persönlichkeiten aus dem antiken Griechenland.
Außerhalb des Parlamentsgebäudes wiederholt sich diese Anordnung. In der Mitte – im sogenannten oberen Vestibül – treffen die beiden Reihen dann zusammen: Links ist der griechische Meeresgott Poseidon zu sehen, gleich gegenüber der römische Meeresgott Neptun. Damit wollte Hansen symbolisieren, dass im Abgeordnetenhaus eher die praktische Politik der Römer und im Herrenhaus die theoretische Politik der Griechen gepflegt werde.
Im Sitzungssaal des Herrenhauses tagten zuerst die Nationalversammlung und später der Nationalrat. Im Zweiten Weltkrieg wurde vor allem der Herrenhaustrakt stark getroffen, sein Sitzungssaal brannte völlig aus. Nach dem Krieg fehlte jedoch das Geld, um ihn wieder so aufzubauen, wie er einmal gewesen war. So entschloss man sich, einen neuen Saal für den Nationalrat zu errichten, der sachlich und zweckmäßig sein sollte.

fragt sie. Die Parlamentsführerin nickt. »Hier fand vor etwa 135 Jahren die erste Sitzung der Abgeordneten statt. Heute wird dieser Saal z. B. am 5. Mai zum Gedenken an die Opfer des Nationalsozialismus und für die Angelobung der neu gewählten Bundespräsidentin genutzt. Ist euch bei den Türgriffen und den Bildern etwas aufgefallen?« Vielen ist etwas aufgefallen. Gernot hat eine Schlange gesehen und Anna hat gemerkt, dass auf den Bildern nur Männer zu sehen sind.

»Die Schlange galt in der Antike als Symbol der Klugheit und Intelligenz«, bestätigt die Parlamentsführerin. »An jeder Tür war eine Schlange angebracht, um die Abgeordneten daran zu erinnern, immer bewusst und klug zu handeln. Und auf den Bildern sind tatsächlich nur Männer zu sehen. Es sind Abgeordnete, also Volksvertreter. Sie sind vom Volk gewählt worden, um die Wünsche und Anliegen der Menschen zu vertreten. Die Frauen hatten damals nicht die gleichen Rechte wie Männer, daher sind keine Frauen abgebildet. Die ersten Frauen kamen 1919 ins Parlament.

Es gab noch weitere Unterschiede: Die Stimme der Reichen und Adeligen hatte viel mehr Gewicht als die der anderen Menschen. Unsere Vorfahren haben lange und hart kämpfen müssen, damit heute alle Menschen mit österreichischer Staatsbürgerschaft - egal ob Mann oder Frau - wählen können, wen sie wollen. Das Wählen ist für ein Mitgestalten in der Gemeinschaft sehr wichtig. Ihr solltet diese Chance daher unbedingt nutzen, sobald ihr wahlberechtigt seid! Denn ihr seid ein Teil dieser Gemeinschaft und habt das Recht darauf, sie mitzugestalten.«

»Warum ist der Sitzungssaal so groß?«, fragt Lisa. »Vor hundert Jahren war unser Land bedeutend größer«, antwortet die Parlamentsführerin. »Da gab es auch viel mehr Abgeordnete. Die Abgeordneten kamen damals aus acht verschiedenen Ländern, eine bunte Mischung aus Deutsch-Österreichern, Tschechen, Polen, Rumänen, Ruthenen (Ukrainer), Kroaten, Italienern und Slowenen. Jeder redete in seiner Sprache, daher verstanden sie einander nicht. Es gab zu dieser Zeit keine Übersetzer wie heute im Europäischen Parlament in Straßburg. Außerdem gab es große Streitereien zwischen den Ländern, daher liefen die Sitzungen gar nicht friedlich ab. Nach den ersten Sitzungen mussten die Tintenfässer aus den Schreibpulten entfernt werden, weil sich die Abgeordneten damit gegenseitig bewarfen. Die Abgeordneten und auch der ganze Saal waren über und über schwarz gefärbt. Das Parlament bekam daher auch den Zusatznamen »Tintenburg«. Manchmal gab es auch die so genannten »Pultdeckelkonzerte«. Dabei schlugen die Abgeordneten mit den Holzdeckeln ihrer Pulte kräftig auf und ab. Manchmal wurden auch Kochlöffel oder Töpfe verwendet - man sieht das noch auf alten Fotos.«

Das Parlament ist eine kleine Stadt in der großen Stadt.

»Cool«, sagt Martin beeindruckt. »Das war ja richtig spannend!«
Die Parlamentsführerin und der Lehrer schmunzeln. Doch dann wird die Parlamentsführerin wieder ernst und sagt: »Na ja, so gut war das auch wieder nicht. Denn man konnte natürlich die Redner nicht mehr verstehen - und die Probleme wurden dadurch nicht weniger. Da ist es heute schon besser geregelt

– denn wenn man Probleme lösen möchte, muss man sich zunächst einmal anhören, was die anderen zu sagen haben. Stellt euch mal vor, was für ein Durcheinander es bei euch in der Schule gäbe, würdet ihr alle durcheinander reden.« Die Schülerinnen und Schüler nicken. Das können sie sich gut vorstellen.

Heute finden im ehemaligen Sitzungssaal des Abgeordnetenhauses, der ***historischer Sitzungssaal*** genannt wird, die Sitzung der Bundesversammlung sowie gemeinsame Festsitzungen von Nationalrat und Bundesrat statt.

Die Säulenhalle befindet sich in der Mitte des Parlaments und sollte als Ort der Begegnung zwischen den Abgeordneten der beiden Häuser dienen.

Die Parlamentsführerin begleitet die Klasse wieder zum Haupteingang zurück. »Ihr habt Glück, dass ihr das Parlamentsgebäude noch so sehen konntet. In ein paar Monaten wird es nämlich für drei Jahre geschlossen«, sagt sie. Und obwohl die Schulklasse schon ziemlich müde ist, macht sich ein Staunen auf den Gesichtern breit. »Wieso das denn?«, fragt Tim. Die Parlamentsführerin erklärt, dass das Gebäude saniert werden muss, weil es schon so alt ist und an manchen Stellen Wasser reintropft, wenn es draußen regnet. »Und was passiert dann mit den ganzen Menschen, die im Parlament arbeiten?«, will Anna wissen. »Das Parlament übersiedelt in die Hofburg«, sagt die Parlamentsführerin.

»Da sind wir doch vorhin mit der Straßenbahn vorbei gefahren«, erinnert sich Anna. Der Lehrer nickt und erinnert die Klasse noch einmal daran, dass dort normalerweise der Bundespräsident arbeitet. »Für die Zeit, wo das Parlamentsgebäude umgebaut wird, wurde die Hofburg für den Nationalrat geöffnet. Er tagt jetzt dort im großen Redoutensaal«, erklärt die Parlamentsführerin. »Aber nicht alles, was im Parlament passierte kann in die Hofburg verlegt werden. Darum wurde das so genannte ***Demokratiequartier*** geschaffen. Der parlamentarische Betrieb ist auf mehrere Standorte verteilt, die alle sehr nah beieinander

Das Wort Demokratie kommt übrigens aus dem Griechischen von demos = Volk und kratein = herrschen.

sind. Man kann ab Herbst 2017 Führungen durch das Demokratiequartier machen. Vielleicht wollt ihr ja nächstes Jahr wieder kommen und euch ansehen, wie der Plenarsaal in der Hofburg aussieht. Oder ihr erzählt in der Schule von eurer Wienreise und dann kann nächstes Jahr eine andere Klasse die Hofburg besichtigen«, meint die Parlamentsführerin und wirft dem Lehrer einen Blick zu. »Aber aufpassen, es gibt nämlich mehrere Informationsschalter. Am besten kommt man zum Josefsplatz, direkt beim Haupteingang der Hofburg, von da gehen alle Führungen los.«

»Gute Heimfahrt«, wünscht die Parlamentsführerin am Schluss. »Mit dem Bus oder dem Zug seid ihr ja in ein paar Stunden wieder zu Hause. Vor etwa hundert Jahren war das nicht so einfach, da reisten die Abgeordneten meist mit Pferdekutschen an. Sie waren oft tagelang unterwegs.«

Wusstest du, dass ...

... das Parlament 1.600 Räume hat?

... es in der Parlamentsbibliothek mehr als 350.000 Bücher gibt?

... im Parlament pro Jahr etwa 2.100 Glühlampen verbraucht werden und der Stromverbrauch an einem Tag so hoch ist, wie in einem Jahr von vier Einfamilienhäusern?

... im Parlament pro Jahr über 10.000 Toilettenpapierrollen verbraucht werden?

... es im Parlament rund 1.000 Meter roten Teppich gibt?

Wer arbeitet im Parlament?

Wer sind Parlamentarier?

In Österreich leben ungefähr acht Millionen Menschen. Davon sind nur 183 Abgeordnete zum Nationalrat und 61 Mitglieder des Bundesrats. Das sind 0,0022875 Prozent der Gesamtbevölkerung. Aber die Chance Parlamentarier zu werden hat jeder, sobald sie oder er 18 Jahre alt geworden ist.

Parlamentarierinnen kommen aus den verschiedensten Berufen. Diese bunte Mischung ist sehr wichtig, da die Gesetze, die im Parlament beschlossen werden, für alle Menschen im Land gelten sollen. Aber ein Umweltaktivist und eine Fabrikbesitzerin haben nicht unbedingt dieselben Interessen, dadurch kommt es in den beiden Kammern des Parlaments - im Nationalrat und im Bundesrat - oft zu heftigen Diskussionen, wenn ein neues Gesetz beschlossen werden soll.

Wie wird man Abgeordnete zum Nationalrat?

Im Prinzip kann heute jeder, der sich für Politik interessiert und sich darüber informiert, z. B. in den Nationalrat gewählt werden. Früher war die Wahrscheinlichkeit eher gering, dass man in den Nationalrat gewählt wurde, wenn man nicht gerade männlich und redegewandt war, aus einer angesehenen Familie kam, seit vielen Jahren einer Partei angehörte und möglichst keiner Minderheit entstammte.

Sehr lange gab es im österreichischen Parlament sehr wenige Frauen unter den Abgeordneten. Heute hat sich das Verhältnis verändert: Zwar gibt es auch jetzt immer noch mehr männliche Abgeordnete als weibliche, aber die Anzahl der Frauen im Nationalrat nimmt von Jahr zu Jahr beständig zu.

Es gibt auch immer mehr Parlamentarierinnen, die einer Minderheit angehören und beispielsweise körperlich behindert sind oder eine andere Muttersprache haben. Inzwischen kommen die Volksvertreter zudem immer öfter aus allen Berufsbereichen: die eine ist Bäuerin oder Chefin einer Firma, der andere arbeitet am Bau oder betreut zu Hause als Familienvater seine Kinder.

Wenn man Parlamentarier wird, verändert sich einiges für einen selbst, und man hat manchmal vielleicht das Gefühl, eine Art Briefkasten für den Kummer der Bürgerinnen zu sein. Diese und ähnliche Erfahrungen machen wohl alle, wenn sie Politiker werden und ins Rampenlicht der Öffentlichkeit kommen. Denn es ist auch die Aufgabe von Politikerinnen für die Anliegen der Leute da zu sein, ihnen zuzuhören und - wenn möglich - zu helfen. Wer Parlamentarier ist kann normalerweise seinen bisherigen Beruf weiter ausüben. Das ist sogar gut, denn dadurch bleiben Kontakte und Beziehungen zu den Leuten erhalten. Aber wer im Parlament arbeiten möchte, muss wissen, dass ihm dann weniger Freizeit bleibt.

Die Volksvertreter im Nationalrat werden Abgeordnete zum Nationalrat, jene im Bundesrat Mitglieder des Bundesrates genannt.

Ein eigener parlamentarischer Ausschuss, der so genannte ***Unvereinbarkeitsausschuss***, überprüft allerdings, ob es so genannte Interessenkonflikte gibt. Wenn etwa die Wirtschaftssprecherin eines Klubs einen eigenen Betrieb besitzt, darf sie diesen nicht mehr weiterführen, denn sie käme sonst möglicherweise in Versuchung, die Gesetze so zu ändern, dass ihr Betrieb noch größere Gewinne macht. Der Unvereinbarkeitsausschuss teilt den Abgeordneten dann nach der Prüfung mit, ob und in welchem Ausmaß sie ihren Beruf weiterführen dürfen.

Der Arbeitsplatz eines Abgeordneten

Im Parlament gibt es nicht viel Platz für Büroräume. Jeder Abgeordnete hat jedoch einen eigenen Schreibtisch, auch wenn er das Zimmer mit anderen Kolleginnen teilen muss. Büros brauchen aber auch die parlamentarischen Mitarbeiter.

Alle Abgeordneten haben den Anspruch auf jeweils eine Mitarbeiterin. Allerdings sind die Büros für sie nicht direkt im Parlament, sondern in einem anderen Gebäude in der Nähe untergebracht.

Wusstest du, dass es im Parlament über 6.000 Stühle gibt?

Die erste Rede

Der Sitzungssaal des Nationalrats, auch Plenarsaal genannt, sieht wie ein griechisches Theater aus. Die Abgeordneten sitzen in dem stufenweise ansteigenden Saal. Unten zieht sich über die gesamte flache Seite die Regierungsbank, auf der die Bundesminister sowie die Bundeskanzlerin und der Vizekanzler Platz nehmen.
Dahinter und etwas erhöht sitzt die Nationalratspräsidentin, von dort aus hat sie einen guten Überblick über das ganze Geschehen. Neben der Präsidentin sitzen die Mitarbeiter der Parlamentsdirektion, die sie bei der Vorsitzführung unterstützen.
In der Mitte des Saales, zwischen den Abgeordnetentischen und der Regierungsbank steht ein kleines Rednerpult mit Mikrofon. Dort hält man seine Reden - natürlich auch die erste Rede.
Das Rednerpult ist der »ungemütlichste« Platz des Hauses, denn hinter einem sitzen die Minister und vor einem die Abgeordneten. Links, rechts und vor einem sind Fernsehkameras aufgebaut, die alles filmen. Auch einem geübten Redner rutscht bei diesem ersten Auftritt das Herz in die Hosen.

Die Sitzungssäle des Nationalrats sowie des Bundesrats nennt man auch **Plenarsäle.**
Das Wort **Plenum** (= voll) kommt aus dem Lateinischen und bedeutet im Zusammenhang mit dem Parlament die gesamte Versammlung seiner Mitglieder.

Was passiert im Parlament?

Die Kandidatin und der Wahlkampf

Vor einer Wahl gibt es den so genannten *Wahlkampf*. Jeder Kandidat möchte von den Bürgern gewählt werden und macht daher Werbung in der Bevölkerung. Die Mitglieder einer Partei gehen durch die Städte, verteilen Süßigkeiten, Luftballons, Kugelschreiber oder Stoffbären. Und in Zelten oder auf Bühnen werden große Reden geschwungen, um sich von den politischen Gegenkandidatinnen abzuheben.
Ein Wahlkampf hat aber wirklich eine wichtige Funktion: Die Bürger eines Landes sind zur Wahl aufgerufen und sollen vorher die Möglichkeit haben, sich zu informieren, was jede Partei in der nächsten Zeit zu tun gedenkt. Diese Zeitabschnitte zwischen den Wahlkämpfen nennt man *Legislaturperioden* (= Gesetzgebungsperioden).

Die Ziele der Parteien werden in so genannten ***Parteiprogrammen*** festgeschrieben. Viele Dinge sind natürlich allen Parteien wichtig, z. B. die Erhaltung der Umwelt oder der Schutz von Kindern. Daneben hat aber jede Partei noch bestimmte Vorstellungen, die ihr besonders wichtig sind. Es gibt auch große Unterschiede zwischen den Parteien, was die Wege zu den jeweiligen Zielen betrifft. Aus all diesen Gründen ist es ratsam und interessant, sich die Parteiprogramme zum Vergleich schicken zu lassen. Die Parteizentralen tun das sehr gerne und freuen sich sogar darüber, dass sich jemand für ihr Programm interessiert.
Viele Leute interessieren sich leider nicht so sehr für die politischen Vorhaben, deshalb lassen sich die Parteien einiges einfallen, um an die Wählerinnen heranzukommen. Ein geschenkter

Luftballon bringt natürlich noch keine Wählerstimme, macht aber die jeweilige Partei durch den direkten Kontakt vielleicht ein wenig sympathischer.
Die regierenden Parteien versuchen oft, vor der Wahl große Wahlgeschenke über das Parlament zu beschließen. Das kann etwa eine so genannte Steuerreform sein, bei der den Wählerinnen versprochen wird, dass sie in Zukunft weniger Steuern und Abgaben zahlen müssen, sodass ihnen mehr Geld bleibt. Damit versuchen die Regierungsparteien gute Stimmung für sich zu machen und hoffen, dass die früher gemachten Einsparungsmaßnahmen schnell in Vergessenheit geraten. Sind die Wahlgeschenke jedoch zu großzügig, besteht die Gefahr, dass die Freude der Bürger nach der Wahl sehr abrupt endet. Dann nämlich, wenn deswegen wieder ein so genanntes Sparpaket notwendig ist, das heißt, an anderen Stellen wieder eingespart werden muss, damit die neue Regierung genug Geld hat, den Staatshaushalt ordentlich weiterzuführen.

Bei den Wahlkämpfen treten die Parteien selbst oft in den Hintergrund. Wichtiger sind die jeweiligen Spitzenkandidatinnen. Sie werden im Wahlkampf an jeder Straßenecke und Litfasssäule plakatiert. Eines haben die Gesichter auf den Plakaten immer gemeinsam: Sie lächeln.

Neben den Plakaten, den Zeitungsinseraten und den direkten Kontakten auf der Straße oder in Betrieben sind Auftritte in den Medien sehr wichtig. Die Spitzenkandidaten treten in so genannten TV-Duellen gegeneinander an. Wie wahlentscheidend diese Diskussionen wirklich sind, ist umstritten. Es wird ihnen jedoch höchste Wichtigkeit beigemessen. Direkt im Anschluss an die TV-Duelle machen Meinungsforschungsinstitute telefonische Umfragen in der Bevölkerung. Sie rufen eine bestimmte Anzahl von Leuten aus verschiedenen Berufen und Bereichen an und fragen diese, wen sie sympathischer gefunden haben oder wen sie nächsten Sonntag wählen würden. Diese Frage ist die so genannte *Sonntagsfrage*. Sie wird bei Umfragen während des ganzen Jahres gestellt, auch dann, wenn keine Wahl vor der Tür

steht. Damit messen die Meinungsforschungsinstitute, wie beliebt die einzelnen Parteien und ihre Kandidatinnen sind. Aus diesen Umfragen fertigen sie dann Tabellen an, die man im Fernsehen oder in Zeitungen anschauen kann.

Du kannst auch im Internet auf den Seiten der Parteien surfen und dir dort schnell und einfach Informationen herunterladen!

Die Spitzenkandidaten werden auf die TV-Duelle gut vorbereitet. Ihre jeweiligen Beraterinnen gehen mit ihnen viele Fragen durch, die eventuell gefragt werden könnten, und überlegen sich, welche Antwort darauf am besten bei den Fernsehzuschauern ankommen würde.

Großer Wert wird aber nicht nur auf die Inhalte gelegt, sondern auch auf das Aussehen. Wie ist die Kandidatin angezogen, sitzt seine Krawatte richtig, trägt sie ein Kostüm oder einen Hosenanzug, wirkt er müde oder erholt, gut oder eher schlecht gelaunt? All diese Kleinigkeiten machen letztendlich den Gesamteindruck aus.

Die Wahlen

Wer als Politiker ein Amt (eine Funktion) bekleiden will, muss sich einer Wahl stellen. Alle Politikerinnen – wie Bürgermeister, Gemeinderat, Landesrat, Landeshauptfrau, Minister, Abgeordneter oder Bundespräsidentin – werden durch eine Wahl bestimmt. Während der Bürgermeister oder die Bundespräsidentin direkt vom Volk gewählt werden, werden beispielsweise der Bundeskanzler, die Landeshauptleute oder Mitglieder des Bundesrats indirekt bestimmt.

Direkt bedeutet, dass man bei der Wahl zwischen mehreren Personen oder einer Partei auswählen kann. Die Namen der Kandidatinnen oder der Parteien stehen auf einem Wahlzettel und der Wähler macht neben seiner Wunschkandidatin oder -partei ein Kreuz. Man kann also zum Beispiel den Bundespräsidenten oder den Nationalrat direkt wählen.

Weitere Informationen zur Wahl findest du im Kapitel Politisch aktiv werden!

Bei einer ***indirekten*** Wahl wählen die Wählerinnen Personen, die dann ihrerseits die eigentlichen Amtsträger ernennen. So kann man die Bundeskanzlerin beispielsweise nicht direkt wählen, sondern lediglich eine Partei. Jedoch ist klar: wenn eine bestimmte Partei bei der Nationalratswahl die Mehrheit erhält, hat deren Spitzenkandidat die beste Aussicht auf diese hohe Funktion.

Erkundige dich, wer dich im Parlament vertreten soll. Du hast die Möglichkeit, einer bestimmten Kandidatin eine Vorzugsstimme zu geben. Bekommt sie genug Vorzugsstimmen, so rückt sie in der Reihung vor. Du kannst eine Vorzugsstimme abgeben, indem du auf dem Wahlzettel entweder den Namen, oder die Nummer des Listenplatzes schreibst. Die Kandidatenlisten hängen im Wahllokal aus.

Eine ***Nationalratswahl*** findet für gewöhnlich alle fünf Jahre statt. Manchmal kann sie auch vorgezogen werden, nämlich dann, wenn es einen Beschluss für Neuwahlen gibt. Bei der Nationalratswahl wird bestimmt, wie sich diese Kammer des Parlaments (der Nationalrat) zusammensetzt. Jene Partei, welche die meisten Stimmen bekommt, hat die besten Voraussetzungen, möglichst viele ihrer Ziele in der nächsten Gesetzgebungsperiode umzusetzen. Natürlich kommen auch Vertreterinnen jener Parteien mit ins Parlament, die weniger Stimmen bekommen haben - aber eben in geringerer Zahl, diese Parteien stellen also weniger Abgeordnete. Bei einer Abstimmung können sie dann zwar mitentscheiden, aber eine Mehrheit zu bekommen gelingt ihnen nur, wenn auch noch Abgeordnete einer anderen Partei der gleichen Meinung sind wie sie - und das ist eher selten der Fall.

Wusstest du schon, dass das Wort Mandat aus dem Lateinischen kommt und Auftrag bedeutet? Bei der Wahl geben die Bürger den Abgeordneten den Auftrag, sie zu vertreten.

Wie spielt sich nun so eine Wahl eigentlich ab? An einem Sonntag sind alle Leute mit österreichischer Staatsbürgerschaft dazu aufgerufen, zur Wahl zu gehen. Für viele ist das etwas Besonderes und sie gehen mit ein wenig Herzklopfen ins Wahllokal. Dort bekommen sie einen Wahlzettel und ein Kuvert. Damit gehen sie in eine Wahlzelle. Das ist eine kleine Kabine, die manchmal mit einem Vorhang getrennt ist, sodass niemand sieht, was der Wähler ankreuzt, welcher Partei er also die Stimme gibt.

Leider nehmen viele diese Chance nicht wahr und gehen nicht zur Wahl, sondern bleiben lieber zu Hause. Sie verzichten aber gerade damit auf ihr Recht, das Parlament mitzubestimmen. Wenn eine Bürgerin nicht zur Wahl kommen kann, weil sie beispielsweise im Krankenhaus liegt, wird sie von einer ***fliegenden** Wahlkommission* besucht. Um das Bett wird ein Paravent (eine Art Schirm) aufgestellt, damit die Wahl geheim erfolgen kann.

Was ist aber, wenn man an diesem Sonntag der Wahl auf Urlaub ist oder sonst irgendwo anders und nicht nach Hause in den Heimatort fahren kann, um seine Stimme abzugeben? In diesem Fall ist es möglich durch eine so genannte *Briefwahl* zu wählen. Egal wo man ist auf dieser Welt, kann man dann seine Stimme abgeben und per Post zur Wahlbehörde schicken. Man muss unterschreiben, dass man die Wahl unbeobachtet und unbeeinflusst getroffen hat und der Brief muss rechtzeitig vor dem Schließen der Wahllokale in Österreich ankommen - also am selben Tag, an dem die Wahl stattfindet.

Eine andere Möglichkeit ist, die Wahlkarte am Wahlsonntag in einem anderen Lokal abzugeben. Das kann vor allem auch dann praktisch sein, wenn beispielsweise ein Rollstuhlfahrer nicht in das eigene Wahllokal kommt, weil es nicht barrierefrei ist.

Würden sich alle Nichtwählerinnen zusammentun, könnten sie im Land viele Veränderungen bewirken – natürlich nur dann, wenn sie ähnliche Vorstellungen hätten.

Bei der Nationalratswahl spielen die Parteien eine große Rolle. Wer bei einer Wahl kandidieren möchte, muss von einer Partei bestimmt werden – man nennt das auch *nominiert* werden.

Neben den großen Parteien gibt es oft so genannte Wählerbündnisse oder Bürgerinitiativen, die mit einer Wahlliste zur Wahl antreten. Um bei der Wahl antreten zu können, muss jede Partei oder Gruppe genügend Unterstützungserklärungen sammeln. Auf den Wahllisten finden sich die Namen der Kandidatinnen. Es ist dabei nicht unwichtig, an welcher Stelle einer solchen Liste man steht, denn wer zuerst kommt, hat die besten Chancen auf eine wichtige Funktion innerhalb der Partei. Nach der Wahl werden die Stimmen gezählt und jede Wahlliste erhält eine bestimmte Anzahl der so genannten Mandate, je nachdem, wie viele Stimmen für sie abgegeben wurden.

Erst dann weiß jede Partei, wie viele Abgeordnete von ihrer Liste für sie in den Nationalrat einziehen können. Entsprechend der Reihenfolge auf der Wahlliste werden die Kandidaten der Reihe nach zu Abgeordneten bestimmt. In der Reihe kann jemand vorrücken, wenn er bei der Wahl viele Vorzugsstimmen bekommen hat oder wenn jemand vor ihm auf der Liste auf das Nationalratsmandat verzichtet.
Ein Wahltag ist für die Kandidatinnen sehr spannend. Zwar gibt es Meinungsumfragen, die manchmal schon eine Tendenz angeben können, wie die Wahl wohl ausgehen wird; aber es ist gefährlich, sich auf sie zu verlassen. Bereits die Voraussagen können unterschiedlich sein, da die Antworten stark von der Art der Fragen abhängen; viele Bürger treffen die endgültige Entscheidung, wen sie wählen auch erst sehr kurzfristig; daher können sich Meinungsforscherinnen in ihren Prognosen irren. Wenn dann die Wahl vorüber ist, gibt es bei der Partei, die gewonnen hat, natürlich eine große Feier.

Wenn die Wahl für eine Partei überraschend gut ausgeht, spricht man von einem Erdrutschsieg.

Wahlen auf einen Blick

Name der Wahl	Wer wählt	Wen
Unmittelbar (direkt)		
Europawahl	Wahlberechtigte EU-Bürger	-Parteien, die Abgeordnete aufgestellt haben, UND -bestimmte Abgeordnete (durch Vorzugsstimme)
Nationalratswahlen	Wahlberechtigte österreichische Staatsbürgerinnen	-Parteien, die Abgeordnete aufgestellt haben, UND -bestimmte Abgeordnete (durch Vorzugsstimme)
Landtagswahlen	Wahlberechtigte österreichische Staatsbürger mit Wohnsitz im Bundesland	-Parteien, die Abgeordnete aufgestellt haben, UND -bestimmte Abgeordnete (durch Vorzugsstimme)
Gemeinderatswahlen	Wahlberechtigte Bürgerinnen von EU-Staaten mit Wohnsitz in der Gemeinde	-Gemeinderat UND -Bürgermeister (in den meisten Bundesländern direkt)
Bundespräsidentenwahlen	Wahlberechtigte österreichische Staatsbürger	Bundespräsidentin (direkt)
Mittelbar (indirekt)		
Wahl der Mitglieder des Bundesrats	Landtage	Mitglieder des Bundesrats
Landesregierung	Landtage	Landesregierungen
Gemeindevorstand	Gemeinderäte	Gemeindevorstände

Auszählverfahren der Stimmen – Das d´Hondt´sche Verfahren

Die Nationalratswahl erfolgt nach den Grundsätzen der ***Verhältniswahl***.

Die Aufteilung der Mandate auf die wahlwerbenden Parteien folgt einem Berechnungsmodell, das der belgische Professor der Rechtswissenschaft Victor d´Hondt im 19. Jahrhundert entwickelt hat. Mit Hilfe des d´Hondt´schen Verfahrens werden Stimmenanteile in Mandate umgerechnet.

Verhältniswahl heißt, die Mandate werden nach dem jeweiligen prozentuellen Stimmenanteil bei den Wahlen an die einzelnen wahlwerbenden Parteien vergeben.

Zur Mandatsermittlung ist das Bundesgebiet in neun Landeswahlkreise – die Bundesländer – unterteilt, welche weiter in Regionalwahlkreise untergliedert sind. Die Zuteilung der Mandate erfolgt in einem dreistufigen Verfahren – in den Regionalwahlkreisen, den Landeswahlkreisen sowie in einem abschließenden bundesweiten Ermittlungsverfahren. Die Auswahl der Kandidaten richtet sich nach den von den wahlwerbenden Parteien eingereichten Wahllisten. Mit Hilfe von Vorzugsstimmen können die Wählerinnen aber die Reihung innerhalb einer Partei ändern.

Angelobungen und Regierungsbildung

Bald nach der Wahl kommt es im Parlament zur *konstituierenden Sitzung*. Das bedeutet, dass die Parlamentsarbeit gestartet wird. Dazu werden zunächst die Abgeordneten angelobt. Bei der Angelobung werden sie einzeln vom letzten Nationalratspräsidenten (das ist jener, der vor der Nationalratswahl Präsident des Nationalrats war) aufgerufen und müssen mit einem „Ich gelobe" die Treue auf das wichtigste Papier im Land schwören: die Bundesverfassung. Danach wählen die Abgeordneten aus ihrer Mitte die neue Präsidentin des Nationalrats sowie zwei Stellvertreter für die Dauer der neuen Gesetzgebungsperiode. Jede Abgeordnete schreibt ihren Vorschlag auf einen Zettel und wirft ihn in die Wahlurne. So kann niemand wissen, wer wen gewählt hat. Haben alle ihre Kuverts abgegeben, wird

Das Bundes-Verfassungsgesetz ist das Fundament unseres Staates – es enthält alle Regelungen für das Funktionieren der staatlichen Institutionen sowie grundlegende Rechte der Staatsbürger.

die Sitzung unterbrochen und die Stimmen ausgezählt.

Nach dieser konstituierenden Sitzung ist der Nationalrat startklar und könnte zu regieren beginnen, würde man meinen. Aber in Österreich sind das Verwalten und Regieren (die so genannte Exekutive) und das ***Machen*** von Gesetzen (die Legislative) streng getrennt. Es gibt jetzt zwar schon einen für die Gesetze zuständigen Nationalrat, aber noch keine Regierung.

Zusammenwirken der politischen Institutionen

Im klassischen Modell der Gewaltenteilung sind Gesetzgebung (Legislative), Verwaltung (Exekutive) und Gerichtsbarkeit (Judikative) voneinander zu trennen, damit kein Organ im Staat zu viel Macht erhält. Die unterschiedlichen Funktionen sollten durch voneinander unabhängigen Organe erfüllt werden, die einander gegenseitig kontrollieren.
Heute gibt es jedoch zwischen Gesetzgebung (Legislative) und Verwaltung (Exekutive) viele gegenseitige Verbindungen. Die Inhalte der parlamentarischen Gesetzgebung sind weitgehend von der Regierung beeinflusst, das Parlament hat aber eine Reihe von Kontrollrechte gegenüber der Regierung: das Misstrauensvotum (hat allerdings nur der Nationalrat), die schriftliche und mündliche Anfrage (siehe dazu Fragestunde und dringliche Anfrage) und das Enqueterecht (hat ebenfalls nur der Nationalrat).

Nach den Wahlen beginnen die Parteichefs miteinander über eine Koalition (also eine Zusammenarbeit) zu verhandeln. Eine Koalition ist allerdings nicht nötig, wenn eine Partei bei der Wahl so viele Stimmen bekommen hat, dass sie die absolute Mehrheit besitzt und mit ihren Abgeordneten im Parlament jedes Gesetz beschließen kann. Das kommt aber nur sehr selten vor.
Die Parteichefin, deren Partei die meisten Stimmen erhalten hat, wird vom Bundespräsidenten beauftragt, eine Regierung zu bilden. Damit kann diese Parteichefin beginnen, mit den anderen Parteien zu verhandeln. Diese Gespräche dauern einige Zeit, da jede Partei vor der Wahl ihren Wählern dieses und jenes versprochen hat. Sie will diese Versprechen natürlich einhalten, der jeweils anderen Partei ist das aber eher egal, denn diese will ja wiederum ihre Wahlversprechen umsetzen.
Wenn die Verhandlungen erfolgreich verlaufen, erklärt die Bundespräsidentin nach einem zweiten Gespräch mit dem Parteichef, dass es bald eine neue Regierung geben wird. Einige Tage später kommen die Mitglieder der zukünftigen Bundesregierung zur Bundespräsidentin. Sie gelobt sie feierlich an.

Ein paar Tage später treffen die Regierungsmitglieder und die Abgeordneten einander im Parlament. Der Bundespräsident ist ebenfalls dabei, allerdings nicht vorne im Präsidentensessel, denn da sitzt die Nationalratspräsidentin. Der Bundespräsident sitzt in der für ihn reservierten Loge am Balkon des Parlaments. Er ist heute nur Gast und beobachtet die so genannte *Regierungserklärung:* Die Bundeskanzlerin erklärt in einer langen Rede im Parlament, was die neue Regierung vorhat. Diese Vorhaben werden auch schriftlich festgehalten - man nennt das ***Regierungsprogramm*** oder auch ***Koalitionsübereinkommen.***

Nach der Rede des Bundeskanzlers applaudieren die Abgeordneten der Koalitionsparteien. Erstmals zeigt sich damit im Parlament die Spaltung der Abgeordneten in Regierung und Opposition. Die Opposition sind jene Parteien, die nicht zur Koalition gehören und daher nicht regieren. In den folgenden fünf Jahren wird es vermutlich nur wenige Momente geben, in denen alle Abgeordneten einer Meinung sind und gemeinsam klatschen.

Wusstest du, dass der Bundesrat (die Länderkammer des Parlaments) permanent tagt - also durchgehend und nicht wie der Nationalrat in Gesetzgebungsperioden? Die Mitglieder des Bundesrats werden nämlich von den Landtagen nach den Landtagswahlen gewählt und dann im Bundesrat angelobt. Die Landtagswahlen finden in den einzelnen Bundesländern zu verschiedenen Zeiten statt.

Was ist ein Klub?

Die Abgeordneten sind im Parlament in so genannten Klubs organisiert. Du kennst vielleicht Ferienclubs, in denen man sich im Urlaub gut erholen kann. Die Klubs im Parlament sind aber ganz anders. Damit Mehrheiten für die politischen Vorhaben möglich sind, um gewisse parlamentarische Rechte wahrnehmen zu können - z.B. Mitgliedschaft in Ausschüssen -, müssen sich die Abgeordneten in Klubs organisieren. Mindestens fünf Abgeordnete derselben Partei können sich zu einem Klub zusammenschließen. Es können also alle im Nationalrat vertretenen Parteien einen Klub haben. Abgeordnete, die nicht derselben Partei angehören, benötigen für die Klubgründung die Zustimmung des Nationalrats.

Vielleicht hast du schon einmal das Wort ***Klubzwang*** gehört. Es bedeutet, dass die Mitglieder eines Klubs bei einer Abstimmung nach außen hin einheitlich für eine Sache stimmen sollen, selbst wenn einige wenige von ihnen eigentlich dagegen sind. Aber natürlich bespricht sich der Klub vorher und versucht einen Mittelweg zu finden, mit dem alle einverstanden sind.

Wie verläuft eine Klubsitzung?

Die Klubobleute laden zur Klubsitzung ein, zu der daraufhin Abgeordnete aus ganz Österreich anreisen. Die Klubobleute führen bei dieser Sitzung auch den Vorsitz, das bedeutet, sie begrüßen die Teilnehmerinnen, stellen vor, welche Themen diskutiert werden sollen, und leiten die Diskussionen.

Wer etwas sagen möchte, muss aufzeigen und sich damit so zu Wort melden, wie es auch in der Schule gemacht wird. Die Klubobleute schreiben sich die Reihenfolge jener Leute auf, die reden wollen, und erteilen ihnen das Wort.

Die Meinungen der Abgeordneten sind oft sehr unterschiedlich und es kann auch zu heftigen Wortgefechten kommen. Die Klubobleute müssen dann als Moderatoren dafür sorgen, dass die Diskussionen nicht aus den Fugen geraten. Wird es einmal zu laut, hat jede Klubobfrau eine Glocke, so wie z.B. der Nationalratspräsident, mit der zur Ordnung gerufen wird.

Damit Kompromisse zustande kommen, ist es wichtig, dass im Klub offen und ehrlich gesprochen werden kann. Gäbe es keine Kompromisse, würde kein Gesetz beschlossen werden können, da es zu jedem Thema im Parlament immer viele verschiedene persönliche Meinungen gibt.

Die Diskussionen im Klub sind wichtig, damit aus den unterschiedlichen Meinungen der vielen Abgeordneten möglichst eine gemeinsame wird, die dann von der Partei bzw. dem Klub zum jeweiligen Thema vertreten wird. Das ist nicht einfach und damit es überhaupt dazu kommt, muss jede ein wenig von ihrem Standpunkt abrücken. Was dann herauskommt, ist ein so genannter Kompromiss. Was in einem Klub getan oder gesagt wird, ist streng geheim. Daher warten oft vor der Tür schon die Journalisten mit Kameras und versuchen zu erfahren, ob etwas bzw. was beschlossen worden ist.

Die Gesetzgebung

Wie entstehen eigentlich Gesetze? Bis es soweit ist, dass es ein Gesetz gibt, an das sich alle Bürger halten müssen, ist es ein langer Weg. Blättert man z.B. im Kalender einer Abgeordneten, sieht man, dass es drei verschiedene Wochen gibt: Die ***Ausschusswoche***, die ***Plenarwoche*** und die ***sitzungsfreie Woche***. Diese Wochen dienen dazu, auf ein neues Gesetz hinzuarbeiten.

Der Weg eines Gesetzes

Veröffentlichung im Bundesgesetzblatt
(zur Information des Volkes)

↑

Bundespräsident & Bundeskanzlerin
unterschreiben

↑

Bundesrat

↑

Nationalrat

Gesetzesvorschläge von Abgeordneten des Nationalrats	Gesetzesvorschläge Bundesrats (1/3 seiner Mitglieder)	Gesetzesvorschläge der Bundesregierung (Regierungsvorlagen)	Gesetzesvorschläge von Bürgerinnen (Volksbegehren)

Die Ausschusswoche

Ein Gesetz zu entwickeln ist sehr schwierig und man braucht natürlich zunächst einmal einen triftigen Grund dafür. Beispielsweise entschied der Bildungsminister vor einigen Jahren, dass es für behinderte Kinder auch möglich sein soll, die Regelschule zu besuchen.

Das war aber keine Idee des Ministers, sondern es ging von zahlreichen Eltern aus, die ihre behinderten Kinder nicht mehr in die Sonderschule geben wollten. Sie forderten, dass die behinderten Kinder mit den nicht behinderten Geschwistern oder Nachbarskindern in die Volksschule gehen sollten.

Die Änderung eines bisher bestehenden Gesetzes nennt man auch Novelle.

Der Bildungsminister verstand die Wünsche der Eltern und richtete in den Volksschulen dafür einen Probebetrieb - so genannte Schulversuche - ein. Zehn Jahre lang wurde in den Integrationsklassen ein gemeinsamer Unterricht erprobt. Dann erst entschied der Bildungsminister, dass die Integration behinderter Kinder von nun an auch ins Regelschulwesen, also in allen Schulen, übernommen werden sollte. Die Beamten des Ministeriums haben daraufhin eine Abänderung zum Schulunterrichtsgesetz entworfen. Im Ministerium arbeiten Juristinnen, die Experten für verschiedene Rechtsgebiete sind und sich überlegen, wie man den Text des Gesetzes am besten formulieren könnte. Diese Texte sind meistens sehr kompliziert, da sie zum einen für viele mögliche Situationen gelten müssen und zum anderen aber auch deutlich werden muss, was genau das Gesetz aussagt. Es wäre ja schlimm, wenn jemand ein Gesetz falsch verstünde.

Der neue Gesetzesentwurf wird dann in Begutachtung geschickt. Das heißt, die Novelle wird von vielen Fachleuten gelesen und diese schreiben dann ans Ministerium, was sie daran gut finden und was ihnen noch nicht gefällt. Das nennt man eine Stellungnahme.

Sobald der neue Vorschlag zur Gesetzesänderung fertig ist, kommt der Text in den Ministerrat. Dort stellt der betreffende Minister (z.B. der Bildungsminister) die Novelle den anderen Ministerinnen, dem Bundeskanzler sowie der Vizekanzlerin vor. Dann wird mit einer Abstimmung überprüft, ob alle Mitglieder der Bundesregierung dafür sind, den Vorschlag umzusetzen. Wenn alle zustimmen, hat die Gesetzesnovelle den Ministerrat passiert und eine Regierungsvorlage ist entstanden. Diese wird an den Nationalrat weitergeschickt.

Man sagt dazu auch: »Der Präsident weist die Regierungsvorlage zum Schulgesetz dem Unterrichtsausschuss zu.«

Sie landet nun auf dem Schreibtisch des Nationalratspräsidenten. Der liest den Gesetzesvorschlag des Ministerrats und sagt dann beispielsweise: »Aha, ein Schulgesetz, das werden wir im Unterrichtsausschuss behandeln.«
Bei einem wichtigen Treffen, das man auch Präsidialkonferenz nennt, vereinbaren die Nationalratspräsidentin, ihre beiden Stellvertreter und die Klubchefinnen einen Termin für den nächsten Unterrichtsausschuss. Dabei wird auch der Bildungsminister mit einbezogen, denn er muss im Ausschuss mit dabei sein.

Der Gesetzesvorschlag wandert dann in die Klubs der Parlamentsparteien und wird dort besprochen. Jede hat wiederum eigene Vorstellungen, wie man den Text ein wenig ändern und verbessern sollte. Außerdem sind auch Personen und Gruppen außerhalb des Parlaments aktiv, die vom neuen Gesetz betroffen sein werden (z. B. setzen sich für die Integration behinderter Kinder Elterngruppen stark ein).
Danach wird innerhalb des Klubs wieder diskutiert, bis es eine einheitliche Klubmeinung gibt. In der Folge setzen sich die so genannten Bereichssprecher der Regierungsparteien an einem Tisch zusammen und vergleichen ihre Gesetzesvorschläge. Sie müssen am Ende einen gemeinsamen Text zustande bringen, also einen Kompromiss finden. Dabei müssen alle Bereichssprecherinnen ein wenig nachgeben. Meistens heißt es dann: »Wir haben einen Kompromissvorschlag gefunden, mit dem beide leben können.«

Das Gesetz ist aber noch nicht fertig, denn jetzt wandert es erst

Im Nationalrat und auch im Bundesrat werden Gesetzesvorschläge immer zunächst in den Ausschüssen vorberaten. Hier verhandeln mehrere Abgeordnete aller im Nationalrat bzw. im Bundesrat vertretenen Parteien/Klubs, die zu diesem Thema besonders gut Bescheid wissen, im kleinen Kreis – ohne Zeitdruck und ohne die Öffentlichkeit.
Bei Bedarf werden zusätzliche Sachverständige oder Auskunftspersonen zu den Beratungen hinzugezogen. Der Ausschussbericht wird dann ans Plenum weitergeleitet.

in den parlamentarischen Ausschuss. Die Mitglieder treffen sich dann in einem so genannten Lokal. Damit ist in diesem Fall natürlich kein Restaurant gemeint, sondern so bezeichnet man den Raum, in dem die Ausschusssitzung stattfindet. Die Ausschusssitzung wird vom Vorsitzenden geleitet, der von Mitarbeiterinnen der Parlamentsdirektion unterstützt wird; diese erstellen dann auch die Ausschussberichte.

Neben den Ministerinnen sitzen Mitarbeiter ihres Kabinetts und hohe Beamtinnen der Sektion (also einem Ressort für ein bestimmtes Fach), die dem Minister bei den Antworten helfen können.
Vor einer Ausschusssitzung müssen sich daher die Mitarbeiterinnen des Ministers gut vorbereiten. Sie setzen sich zusammen und überlegen sich, welche Fragen die Abgeordneten wohl an die Ministerin stellen werden. Diese Fragen und die möglichen Antworten schreiben sie dann nieder.

Während der Sitzung melden sich die Abgeordneten zu Wort und teilen dem Minister ihre Meinung mit; sie schlagen oft auch Änderungen vor (Abänderungsantrag).
Damit kein Klub benachteiligt wird, gibt es immer mehrere Runden, in denen je eine Vertreterin eines Klubs sich zu Wort meldet.

Am Ende der Diskussion folgt aber immer eine Abstimmung. Wer für das neue Gesetz ist, muss die Hand heben. Fast immer wird im Ausschuss der Vorschlag der Regierungsparteien beschlossen, da sie die Mehrheit haben.
Nach der erfolgreichen Abstimmung im Unterrichtsausschuss wird die Novelle dann an das Plenum weitergeleitet.

Die Plenarwoche im Nationalrat

Die Plenarwoche beginnt mit Vorbesprechungen in den einzelnen Klubs (Klubsitzungen). Bei den Klubsitzungen der Regierungsparteien sind auch die Minister und die Bundeskanzlerin bzw. der Vizekanzler der eigenen Partei anwesend. Die Ministerinnen erklären, warum einzelne Gesetzesänderungen notwendig geworden sind. Die Bereichssprecher des Klubs berichten über den Verlauf des jeweiligen Ausschusses. Nun sind alle informiert und für die Plenarwoche gerüstet.

Alles, was im Plenum geschieht, ist im Gegensatz zu den Ausschüssen öffentlich.

Während der Plenarsitzungen sind auch Journalistinnen anwesend, die genau aufpassen und alle Aussagen des Ministers und der Abgeordneten mitschreiben, sowie Fotografinnen, die wiederum jede Handbewegung und die verschiedenen Gesichtsausdrücke des jeweiligen Redners festhalten.

Unterhalb der Regierungsbank, direkt vor dem Rednerpult, sitzen ***Parlamentsstenographinnen***, die in Schnellschrift – der so genannten Kurzschrift (»Stenographie«) – jedes gesagte Wort, auch die Zwischenrufe, im Plenum mitschreiben. Zusätzlich werden alle Reden auch von Computern digital aufgezeichnet. Das in normale Schrift übertragene Protokoll ist später auch im Internet auf der Parlamentsseite nachzulesen.

Bei Beginn von Plenarsitzungen gibt es manchmal eine Aktuelle Stunde. Das bedeutet, dass schon vorher ein Thema angekündigt wird, über das dann alle diskutieren.
Oder aber es gibt eine Fragestunde, wo die Abgeordneten in aller Öffentlichkeit einem Minister oder der Regierung Fragen stellen können. Abgeordnete können einer Ministerin oder dem Bundeskanzler aber auch schriftlich Fragen schicken. Diese so genannte parlamentarische oder schriftliche Anfrage muss vom Regierungsmitglied innerhalb einer Frist von zwei Monaten beantwortet werden.

Die Tagesordnung eines Plenarsitzungstages besteht aus vielen einzelnen Tagesordnungspunkten, die zumeist Gesetzesänderungen betreffen. Die Diskussion zu den einzelnen Tagesordnungspunkten nennt man auch eine Debatte, was so viel heißt wie ***Wortschlacht***.

Auf der Regierungsbank sitzt der zuständige Minister und hört sich an, was die Abgeordneten zu sagen haben. Zwischendurch meldet er sich selbst zu Wort und erklärt etwas oder beantwortet offene Fragen. Die Redezeit der Ministerin und auch die der Abgeordneten ist zeitlich beschränkt. Wenn jemand zu lange redet, beginnt am Rednerpult ein rotes Licht zu blinken, das heißt: Achtung, brems dich ein! Redet die Politikerin einfach weiter, blinkt die rote Lampe nicht mehr, sondern leuchtet durchgehend. In diesem Fall läutet der Nationalratspräsident leise mit der Glocke und sagt: »Bitte den Schlusssatz!«
Wie du dir denken kannst, versucht jede Sprecherin, möglichst viel in den Abschlusssatz hineinzupacken.

Ans Rednerpult kommen die Abgeordneten der einzelnen Parteien - wie im Ausschuss - immer abwechselnd, das heißt, auf einen Vertreter der Regierung folgt eine Vertreterin der Opposition. Dadurch ergibt sich meist eine recht lebhafte Debatte.
Ab fünfzehn Uhr wird im Parlament - sofern es verlangt wurde - die so genannte dringliche Anfrage behandelt. Dazu werden die Verhandlungen zu den in der Tagesordnung festgelegten Punkten unterbrochen. Gestellt wird sie meistens von der Opposition, die Vorkommnisse diskutieren möchte, die ihrer Meinung nach Skandale sind. Die Klubs der Regierungsparteien haben das natürlich nicht gern, aber es ist eine wichtige Aufgabe des Parlaments, Raum für öffentliche Diskussionen zu bieten. Ist die Debatte zur dringlichen Anfrage beendet, geht es mit der Behandlung der Tagesordnungspunkte weiter. Am Ende eines Tagesordnungspunktes gibt es dann in jedem Fall immer eine Abstimmung. Meistens reicht für einen Beschluss eine einfache Mehrheit.

Bei der Beschlussfassung von Gesetzen, die die Verfassung betreffen, gelten spezielle Regeln: Hier reicht keine einfache Mehrheit aus, sondern man benötigt eine Zweidrittelmehrheit. Außerdem müssen mindestens die Hälfte aller Abgeordneten bei der Abstimmung anwesend sein und das neue Gesetz muss extra als Verfassungsgesetz bezeichnet werden. Daher ist es notwendig, dass die Regierungsparteien mit den Oppositionsparteien im Ausschuss eine Einigung über den Gesetzestext finden, man spricht dabei auch von einem breiten Konsens.

Der Gesetzestext hat nun schon einen langen Weg hinter sich. Vom Entwurf einer Juristin im Ministerium über die Begutachtung, bei der viele sich damit beschäftigen, und den vielen Abänderungen in den Klubs und Ausschüssen bis hierher ins Plenum.

Man nennt das auch: Ein Gesetz wird verabschiedet.

»Wir kommen zur Abstimmung«, sagt der Nationalratspräsident. »Wer für die Regierungsvorlage zur Änderung des Schulunterrichtsgesetzes ist, durch den auch behinderte Kinder in die Regelschule gehen können, möge dies durch ein Zeichen bekunden.«
Alle Abgeordneten erheben sich diesmal von den Sitzen – eine der wenigen Situationen, bei der alle Parlamentsparteien einer Meinung waren und gemeinsam einem Gesetz zustimmten.

Wusstest du, dass es im Parlament rund 450 Uhren gibt?

Ein Plenartag kann sehr lange dauern, oft bis spät in die Nacht. Wenn man im Fernsehen sieht, dass oft viele Sitze im Plenarsaal leer sind, mag man vielleicht denken: Die tun ja nichts, die sind nicht da und arbeiten nicht. Eine Plenarsitzung dauert jedoch bis zu fünfzehn Stunden – ohne Pause!
Im Sitzungssaal gibt es strenge Bestimmungen: Essverbot, Trinkverbot, Rauchverbot, das Verbot, mit dem Handy zu telefonieren oder mit dem Laptop im Internet zu surfen. Das alles wäre nämlich eine Missachtung der Rednerin und würde darüber hinaus auch kein gutes Bild in den Medien abgeben. Drei Fernsehkameras beobachten ununterbrochen, was im Saal vorgeht. Den Kameraleuten ist dabei oft ein wenig langweilig und sie suchen nach originellen Motiven. Da kommt es sehr gelegen, wenn ein Abgeordneter heimlich ein Stück Schokolade isst oder eine Abgeordnete gemütlich Zeitung liest. Die Leute zu Hause an den Fernsehgeräten sagen dann: »Das ist ja wieder typisch!«

Um den Plenarsaal herum gibt es das so genannte Foyer. Dort tummeln sich Journalisten und warten, bis jemand herauskommt, dem sie dann kritische Fragen stellen können. Das Interview erscheint dann meistens gleich am nächsten

Tag in der Zeitung, denn was im Parlament passiert, ist für die Medien eine wichtige Sache.

Auf der anderen Seite benötigen die Politikerinnen die Journalisten. Was sie schreiben und im Radio oder Fernsehen berichten, ist für die Politikerinnen wichtig, denn so können sie ihre Meinungen öffentlich mitteilen. Politik braucht Öffentlichkeit und Öffentlichkeit braucht Politik. Von Ende Juli bis Mitte September finden keine Plenarsitzungen statt und viele Politiker sind auf Urlaub; das ist dann für die Journalistinnen, die über Politik berichten, die so genannte ***Saure-Gurken-Zeit***, weil es nichts zu berichten gibt.

In einer Sitzungswoche des Bundesrats läuft vieles sehr ähnlich ab wie im Nationalrat. Wusstest du, dass im Bundesrat die Mitglieder bei der Abstimmung nicht aufstehen, sondern die Hand heben?
Stimmenthaltung gibt es übrigens weder im Nationalrat noch im Bundesrat, wer nicht mitstimmen möchte, muss vor der Abstimmung den Plenarsaal verlassen.

Die sitzungsfreie Woche

Wenn in einer Woche kein Ausschuss und keine Plenarsitzung stattfinden, heißt das nicht, dass Parlamentarier die Füße hochlegen können.

In einer solchen Woche haben sie zwar mehr Zeit, sich um ihre Familie und den Beruf zu kümmern, den sie nebenbei ausüben, aber die Politik geht weiter und macht keine Pause. Sie müssen viele Gespräche führen, um ihre Anliegen zu verwirklichen. Der Terminkalender der Parlamentarierinnen ist auch in der sitzungsfreien Woche mit Terminen prall gefüllt. Es ist wichtig, mit vielen Leuten in Kontakt zu kommen. Die Bürger sollen die Möglichkeit haben, mit ihren gewählten Politikerinnen – die auch bei der nächsten Wahl von ihnen gewählt werden möchten – Gespräche zu führen. Mit den Leuten bei Lesungen, Vernissagen, Diskussionsrunden, beim Feuerwehrfest oder bei einer Autobahneröffnung zu reden hat also für die Parlamentarier eine große Bedeutung. Dadurch bekommen sie gleichzeitig auch mit, wie die Stimmung im Land ist und ob die Menschen zufrieden sind oder Änderungswünsche haben.

Die Europäische Union (EU)

Wozu gibt es die Europäische Union?

Um nach dem Zweiten Weltkrieg den Frieden zwischen den Ländern in Europa zu sichern und die politische und wirtschaftliche Zusammenarbeit zu stärken, wurde Mitte des letzten Jahrhunderts die Europäische Wirtschaftsgemeinschaft (EWG) gegründet, nachdem sich Robert Schuman, der damalige französische Außenminister, am 9. Mai 1950 erstmals für solch einen Zusammenschluss demokratischer Länder ausgesprochen hatte.

Am Anfang bestand die EWG, die Vorläuferin der heutigen Europäischen Union (EU) nur aus sechs Ländern, nämlich Belgien, Deutschland, Frankreich, Italien, Luxemburg und den Niederlanden, 1973 kamen Dänemark, Irland und das Vereinigte Königreich dazu, Griechenland folgte 1981, Portugal und Spanien 1986 und Finnland, Österreich und Schweden traten 1995 bei. Im Jahr 2004 kam es durch den Beitritt von weiteren zehn Ländern (Estland, Lettland, Litauen, Malta, Polen, Slowakei, Slowenien, Tschechische Republik, Ungarn und Zypern) zur so genannten EU-Osterweiterung. Diese setzte sich 2007 mit dem Beitritt von Bulgarien und Rumänien fort und 2013 kam Kroatien als 28. EU-Mitgliedstaat hinzu.

Die Grundidee eines vereinigten Europas ist es, den Frieden zwischen den Ländern auf Dauer sicherzustellen und die politische und wirtschaftliche Zusammenarbeit zu stärken.

Die Mitgliedsländer sind zwar noch vollkommen eigenständige Staaten und behalten ihre nationalen Parlamente bei, aber in bestimmten Bereichen müssen sie sich jetzt untereinander abstimmen. So gibt es z. B. seit 2002 eine einheitliche Währung (den Euro), der bereits in 19 Mitgliedsstaaten Realität ist, was die Stabilität und den Handel erheblich erleichtert.

Außerdem gibt es einheitliche Regelungen zur Sicherheitspolitik. Und weil nun auch die Zusammenarbeit von Polizei, Zoll und Justiz in den europäischen Ländern viel besser aufeinander abgestimmt ist, können auch Verbrechen wie z. B. Drogenhandel oder internationaler Terrorismus besser bekämpft und aufgeklärt werden.

Durch die EU sind zudem viele neue Arbeitsplätze geschaffen worden und auch für die Industrie und Forschung hat die EU viele Vorteile; es gibt gemeinsame Projekte an Universitäten und Forschungszentren.

Trotzdem soll die EU aber nicht die einzelnen Staaten auflösen oder ersetzen. Es gibt zwar einige Richtlinien und Verordnungen, die für alle Länder der EU gelten, aber trotzdem hat jedes Land innerhalb dieser Rahmenverordnungen weiterhin seine eigenen Gesetze. Das wäre anders auch kaum möglich, weil es ja in jedem Land unterschiedliche Vorstellungen gibt, wie z. B. in der Bildungs- oder Gesundheitspolitik.

Es ist in Verträgen genau geregelt, in welchen Bereichen die EU Gesetze erlassen darf. In erster Linie sind das wirtschaftliche und sicherheitspolitische Themen, was dem Grundgedanken der EU entspricht, mittlerweile finden sich darunter aber auch schon Bereiche wie Umwelt oder Verbraucherschutz.

In vielen Mitgliedsstaaten sind sogar die Grenzen aufgehoben worden, das heißt, du brauchst keinen Pass mehr, wenn du ein anderes Land betrittst.

Auch diese Regeln für die Europäische Union sind in einem Vertrag festgehalten. Damit alle Bürger der EU auch verstehen, welche Richtlinien für die EU gelten, haben die Staats- und Regierungschefs der EU-Mitgliedsstaaten über eine möglichst für alle verständliche, überarbeitete Verfassung beraten. Diese hätte aber eine Änderung der Verfassung jedes einzelnen Staates bedeutet. In manchen Ländern ließ die Regierung die Bevölkerung darüber abstimmen, ob diese Veränderung gewünscht war oder nicht. Nachdem die Menschen in Frankreich, aber auch in den Niederlanden mit »Nein« abgestimmt haben, ist diese Verfassung bis heute nicht in Kraft getreten. Dieser Versuch einer gemeinsamen Verfassung gilt somit als gescheitert. Die Inhalte dieser Verfassung wurden einige Jahre später in einer anderen Form, nämlich als **Vertrag von Lissabon** verwirklicht. Es gibt also keine neue Verfassung, sondern die alten Verträ-

Wenn der Vertrag von allen Staaten angenommen worden ist, die ihn unterzeichnet haben, sagt man dazu auch: Der Vertrag ist ratifiziert worden.

ge wurden geändert. Das heißt ***Reformvertrag*** und er ist seit 1. Dezember 2009 in Kraft. Weil die EU durch die Beitritte 2004 und 2007 stark gewachsen ist, gibt es immer wieder neue Herausforderungen und deshalb brauchen die Institutionen der EU neue Regeln, damit sie handeln können. So ist z. B. die Rolle des Europäischen Parlaments in der Gesetzgebung gestärkt worden. Gleichzeitig dazu haben die nationalen Parlamente jedes Landes mehr Mitspracherechte bei der Rechtsetzung bekommen. Außerdem ist die Grundrechtecharta der EU seit 2009 rechtlich verbindlich. Das bedeutet, dass diese Grundrechte sowohl von den EU-Organen, als auch von den Mitgliedsstaaten eingehalten werden müssen, wenn sie EU-Recht vollziehen. In diesem wichtigen Papier haben Experten erstmals auch festgelegt, wie es funktioniert, wenn ein Land freiwillig wieder austreten möchte.
Großbritannien ist das erste Land, das diese Möglichkeit nutzt. Das Volk in Großbritannien entschied sich in einer Volksabstimmung für einen Austritt aus der EU. Das ist der erste Ausstieg in der Geschichte der Union und juristisch ein sehr komplizierter Prozess. Vieles in der politischen Beziehung der Staaten wird sich verändern und wie das genau passieren soll, ist noch ungewiss. Manche sprechen von einer neuen Ordnung der Europäischen Union. Der Austritt Großbritanniens ist für März 2019 geplant.

Der Austritt Großbritanniens wird medial auch Brexit genannt. Das ist eine Zusammensetzung aus den englischen Wörtern Britain (Br) und Exit (= Ausstieg).

Institutionen der EU

Die wichtigsten Institutionen, die die Richtlinien und Verordnungen (so heißen die Gesetze in der EU) machen und mitbestimmen, sind das Europäische Parlament, der Rat der Europäischen Union und die Europäische Kommission. Sie stehen stellvertretend für ungefähr eine halbe Milliarde Menschen, die in Europa wohnen. Außerdem gibt es noch den Europäischen Rechnungshof, der für die Rechnungsprüfung zuständig ist, sowie den Europäischen Gerichtshof, der sich darum kümmert, dass alle **EU-Gesetze** eingehalten werden.

Das *Europäische Parlament* ist sozusagen die **Stimme des Volkes.** Es wird alle fünf Jahre direkt gewählt und ist dafür zuständig, an der europäischen Gesetzgebung mitzuwirken, sie zu prüfen, beim Budget mitzubestimmen und die anderen Organe zu kontrollieren. Auch bei wichtigen internationalen Abkommen muss das Europäische Parlament seine Zustimmung geben. Das Europäische Parlament hat nicht nur einen Tagungsort, sondern sogar zwei: in Brüssel und in Straßburg.

Den *Rat der Europäischen Union* hingegen kann man als **Stimme der Mitgliedstaaten** bezeichnen. Er wurde früher Ministerrat genannt, weil sich hier die Regierungsvertreterinnen der Mitgliedstaaten treffen. Der Sitz des Rates ist ebenso wie jener der Europäischen Kommission in Brüssel. Der Rat der EU hat sehr wichtige Aufgaben: mit dem Parlament gemeinsam beschließt er die Gesetze der EU und das Budget. Außerdem koordiniert er die Wirtschaftspolitik und er ist es, der internationale Abkommen schließt.

Die *Europäische Kommission* kümmert sich um das aktuelle politische Geschehen in der EU. Sie wird auch als **Motor der EU** bezeichnet, denn sie hat das alleinige Recht, Gesetzesvorschläge einzubringen. Die Kommission hat 28 Mitglieder – eines aus jedem Mitgliedsstaat. Einer von ihnen ist der Präsident der Kommission, der sie leitet und für sie spricht. Alle Mitglieder müssen vom Europäischen Parlament bestätigt werden.

Der *Europäische Rechnungshof* prüft die Einnahmen und Ausgaben der EU, wobei er insbesondere darauf achtet, dass die Finanzen der EU sparsam und wirtschaft-

lich eingesetzt werden. Er hat seinen Sitz in Luxemburg, so wie der ***Europäische Gerichtshof***, der darauf achtet, dass die Verträge der Gemeinschaft und die von den Staatsorganen erlassenen Vorschriften richtig angewandt werden.
Des Weiteren gibt es noch die ***Europäische Zentralbank*** mit Sitz in Frankfurt am Main. Sie kümmert sich um die Währungspolitik und passt unter anderem auf, dass der Euro gegenüber anderen Währungen stabil bleibt. Neben diesen wichtigen Institutionen gibt es auch beratende Organe, wie z.B. den ***Ausschuss der Regionen***. Hier können sich Vertreterinnen der Gemeinden, Städte und Regionen an der Entwicklung des Unionsrechts beteiligen.

Vorsicht Verwechslungsgefahr! Der Rat der Europäischen Union wird auch als EU-Ministerrat bezeichnet, weil seine Mitglieder die Minister der 28 Mitgliedstaaten sind. Dabei treffen sich jeweils die Ministerinnen mit den gleichen Fachgebieten zu Ausschüssen.
Beim Europäischen Rat treffen sich die Staats- und Regierungschefs aller Mitgliedstaaten sowie der Präsident der Kommission und die Hohe Vertreterin der EU für Außen- und Sicherheitspolitik vier Mal im Jahr auf dem so genannten Europagipfel in Brüssel (Belgien).
Der *Europarat* ist eine internationale Organisation mit 47 Mitgliedstaaten und Sitz in Straßburg (Frankreich). Er ist keine EU-Institution.

Gesetzgebung in der EU

Zuerst macht die Europäische Kommission einen Vorschlag. Dieser Vorschlag wird in den zuständigen Generaldirektionen der Kommission ausgearbeitet und die zuständige Kommissarin präsentiert den Vorschlag den anderen Mitgliedern der Kommission. Die Kommission verabschiedet den Vorschlag, sie stimmt also zu. Im Normalfall entscheiden der Rat der Europäischen Union und das Europäische Parlament gleichberechtigt über die Initiativen der Kommission und sie erlassen in einem genau festgelegten Verfahren das **Gesetz** – also entweder eine Verordnung oder eine Richtlinie.

Für manche Angelegenheiten kann es sein, dass das Europäische Parlament »nur« ein Recht auf Anhörung, Zustimmung oder Zusammenarbeit hat. Diese werden aber immer unwichtiger, denn in den letzten Jahren hat das Europäische Parlament immer mehr Einfluss auf den Rat gewonnen.

Das österreichische Parlament und die EU

Mit dem Beitritt Österreichs hat es für das österreichische Parlament viele Änderungen gegeben. Ein Teil seiner Arbeit besteht seither in der Umsetzung von EU-Richtlinien in nationales Recht. Damit das Parlament an der Gesetzgebung des Rats der Europäischen Union auch im Voraus mitwirken kann, muss es rechtzeitig wissen, welche Vorhaben beschlossen werden sollen.

Das jeweils zuständige Mitglied der Bundesregierung muss deshalb Nationalrat und Bundesrat sofort über alle EU-Vorhaben informieren. Nationalrat und Bundesrat können durch eine so genannte Stellungnahme vorgeben, welche Position das jeweilige Regierungsmitglied bei den Ratsverhandlungen vertreten soll. Im Nationalrat gibt es den EU-Hauptausschuss und den Ständigen EU-Unterausschuss, die übrigens meistens öffentlich sind. Die österreichischen Abgeordneten zum Europaparlament können bei den Verhandlungen der EU-Ausschüsse mit beratender Stimme teilnehmen. Zur breiteren Information der Öffentlichkeit gibt es darüber hinaus viermal im Jahr eine **Aktuelle Europastunde** im Nationalrat – das sind eigene Plenarsitzungen zur Erörterung von EU-Themen, in denen die Arbeitsprogramme der jeweiligen EU-Präsidentschaft besprochen und andere aktuelle EU-Vorhaben diskutiert werden. Dort haben die österreichischen EU-Abgeordneten ein Rederecht.

Politisch aktiv werden

Wie kann ich mich beteiligen?

Welche Rechte habe Kinder und Jugendliche?

Jeder Bürger in Österreich hat Rechte und Pflichten. Auch die Rechte für Kinder wurden diskutiert und festgeschrieben, nicht nur in Österreich, sondern auch international.

»Welche Rechte haben nun Kinder oder Jugendliche?«, wirst du dich fragen. Die Gesetze geben dir viele Rechte, die für dich wahrscheinlich selbstverständlich sind. Du hast ein Recht darauf, in die Schule zu gehen, ebenso ein Recht darauf, gut behandelt und nicht geschlagen zu werden. Du darfst nicht missbraucht oder gezwungen werden zu arbeiten. Diese und viele andere Rechte sind in der **Kinderrechtscharta** der Vereinten Nationen festgeschrieben. Fast alle Länder dieser Welt, darunter auch Österreich, haben sie unterschrieben. Österreich ist ein vergleichsweise reiches Land, daher geht es auch den Kindern und Jugendlichen in den meisten Fällen sehr gut. In anderen Ländern geht es Kindern oft viel schlechter. Sie müssen ihren Familien helfen und können daher nicht in die Schule gehen. Dadurch wird es für sie später schwer, Arbeit zu finden, und die meisten kommen nicht mehr aus dieser Spirale der Armut heraus.

Wer sich politisch engagieren möchte, muss auch ein wenig über den Tellerrand blicken. Eine gute Politikerin setzt sich nicht für ihre eigenen Interessen ein, sondern für andere Menschen. Wenn du im Nachfolgenden die Kinderrechtscharta liest, überleg dir einmal, wie du den Kindern in anderen Ländern helfen könntest.

Dazu gibt es mehrere Möglichkeiten, man kann sich z.B. bei Hilfsorganisationen durch Brief- und Mailaktionen engagieren. Oder wie wäre es mit einer Brieffreundschaft?

Wenn du selber Hilfe brauchst, weil dich irgendetwas bedrückt und du nicht weißt, mit wem du darüber reden sollst, dann kannst du dich an Beratungsstellen für Kinder und Jugendliche wenden. Dort kümmern sich nette Mitarbeiter um dich und versuchen, gemeinsam mit dir eine Lösung zu finden. Diese Beratungen sind für dich kostenlos und anonym, das heißt, niemand erfährt, dass du dort gewesen bist und

was du besprochen hast. Du kannst natürlich auch eine Freundin oder einen Freund mitnehmen, wenn du möchtest.
Eine Auswahl an Adressen von Beratungsstellen oder Internetadressen, die dir weiterhelfen können, findest du im letzten Kapitel.

Die Kinderrechtscharta

Die Kinderrechtscharta wurde am 20. November 1989 von den Mitgliedsstaaten der UNO unterzeichnet und trat 1990 in Kraft. Sie fasst die Rechte der Kinder in über 40 Artikel zusammen. Weil Kinder nicht so stark sind wie Erwachsene und sich weniger gut wehren können, erhalten sie durch die Charta besonderen Schutz. Ein früher Vorläufer war die so genannte **Genfer Erklärung über die Rechte der Kinder**, die schon 1924 niedergeschrieben wurde. Seit 2011 sind die Kinderrechte auch in der österreichischen Verfassung verankert. Das hat die Kinderrechte in Österreich massiv aufgewertet, vor allem wegen zwei der Grundprinzipien der Kinderrechtskonvention: der Vorrang des Kindeswohls und die Beteiligung und Berücksichtigung der Meinung von Kindern und Jugendlichen sind nun Grundprinzipien im österreichischen Recht.
Die Kinderrechtsorganisation der UNO, die UNICEF, hat die zehn wichtigsten Grundrechte zusammengefasst:

Das Recht auf Gleichbehandlung und Schutz vor Diskriminierung unabhängig von Hautfarbe, Geschlecht oder Religion
Das Recht auf Gesundheit
Das Recht auf Bildung
Das Recht auf Freizeit, Spiel und Erholung
Das Recht, sich zu informieren, sich mitzuteilen, gehört zu werden und sich zu versammeln
Das Recht auf gewaltfreie Erziehung
Das Recht auf Schutz vor wirtschaftlicher und sexueller Ausbeutung
Das Recht auf Schutz im Krieg und auf der Flucht
Das Recht auf eine Familie, elterliche Fürsorge und ein sicheres Zuhause
Das Recht auf Betreuung bei Behinderung

Wählen heißt mitbestimmen – eine tolle Sache!

Wählen zu dürfen ist keine Selbstverständlichkeit. In vielen Ländern gibt es kein allgemeines Wahlrecht. In manchen Ländern rund um Österreich, wie beispielsweise in der Slowakischen oder Tschechischen Republik (damals waren diese beiden Länder noch ein Staat namens **Tschechoslowakei**), Polen oder im ehemaligen Jugoslawien gab es über Jahrzehnte keine freien Wahlen. Und wenn gewählt werden durfte, dann stand auf dem Wahlzettel nur ein Name – man hatte also nicht wirklich die Wahl.

In Österreich hat es sehr lange gedauert, bis es sich von einer Monarchie in eine Republik entwickelt hat. In vielen Nachbarländern kam der Umbruch von Diktaturen zu Demokratien Ende der Achtzigerjahre sehr rasch. Natürlich ist es aber nicht so, dass man einfach nur einen Lichtschalter drückt und ein Land wird von einer Sekunde auf die andere ein demokratischer Staat. Das braucht viele, viele Jahre und Demokratie muss gelernt werden. Viele Beamte und Politikerinnen kamen z.B. nach Österreich, um sich anzusehen, wie Wahlen funktionieren können. Es ist nämlich gar nicht so einfach, eine Wahl zu organisieren. Unzählige Wahllokale müssen in Schulen, Kindergärten oder Amtsgebäuden eingerichtet werden.

In einigen demokratischen Staaten dieser Welt gibt es eine Wahlpflicht, man muss also wählen gehen. Tut man das nicht, muss man meistens eine Geldstrafe zahlen. Auch in manchen Bundesländern in Österreich gab es früher eine Wahlpflicht, diese wurde aber nach und nach gänzlich abgeschafft.

Wahlkommissionen werden gebildet, in denen Vertreter aller Parteien sitzen. Die Gemeinde überprüft, wer überhaupt wählen gehen darf, und die Wahlzettel müssen gedruckt und verteilt werden. Österreich schickt auch immer wieder Wahlbeobachterinnen in andere Länder. Das geschieht auf Wunsch der Regierung des jeweiligen Staates, sie möchte damit garantieren und beweisen, dass die Wahlen ordnungsgemäß abgehalten worden sind. In Österreich selbst wird der Wahlvorgang auch streng kontrolliert und es kommt immer wieder vor, dass Teile einer Wahl wegen vermuteter Verstöße gegen die Wahlordnung beim Verfassungsgerichtshof angefochten werden. Dieser überprüft alles und gibt dann eine Erklärung ab. Meistens wird die Wahl akzeptiert.

Aber ab und zu muss in einer oder in mehreren Gemeinden die Wahl wiederholt werden. 2016 musste sogar der zweite Wahlgang der Bundespräsidentenwahl in ganz Österreich wiederholt werden. Der Verfassungsgerichtshof hob das ursprüngliche Wahlergebnis auf, weil in vielen Bezirken die Briefwahlstimmen nicht ordnungsgemäß ausgezählt und erste Ergebnisse schon vor dem Wahlschluss weitergegeben wurden. Das war das erste Mal, dass eine Wahl im ganzen Land wiederholt wurde.

In Österreich gibt es Gemeinderatswahlen, Landtagswahlen, Nationalratswahlen und Bundespräsidentenwahlen. Bei der Gemeinderatswahl bestimmt man die Zusammensetzung der **örtlichen Volksvertretung**, den so genannten Gemeinderat. Bei dieser Wahl wird auch der zukünftige Bürgermeister bestimmt. Bei der Landtagswahl wählt man, wie sich der Landtag, das **regionale Parlament,** zusammensetzt und somit auch indirekt die Landeshauptleute, die nämlich wiederum vom jeweiligen Landtag gewählt werden. Der Landtag wählt auch noch die Mitglieder des Bundesrats des jeweiligen Bundeslandes.
Schließlich gibt es noch die Nationalratswahl, bei der gewählt wird, wer als Abgeordneter ins Parlament einzieht. Indirekt bestimmt man damit auch die Bundeskanzlerin, das wird nämlich in der Regel der Spitzenkandidat jener Partei, die die meisten Stimmen bekommt. Die Bundeskanzlerin schlägt die weiteren Regierungsmitglieder vor und die gesamte Bundesregierung wird schließlich vom Bundespräsidenten angelobt.

Die Nationalratswahl findet alle fünf Jahre statt, die regionalen Wahlen finden unterschiedlich oft statt (alle vier bis sechs Jahre). Alle sechs Jahre wählt man bei einer eigenen Wahl die Bundespräsidentin in zwei Wahlgängen.
In den meisten Ländern Europas darf man bei der Nationalratswahl ab 18 Jahren wählen. Das war auch lange Zeit in Österreich so, aber 2007 wurde das Wahlalter gesenkt und seither dürfen alle österreichischen Staatsbürger bereits ab 16 Jahren wählen. Umso wichtiger ist es, dass Jugendliche gut informiert sind und wissen, wie sie sich für eine Partei oder eine Kandidatin entscheiden sollen.

John F. Kennedy, ein ehemaliger amerikanischer Präsident, sagte einmal: »Frage nicht, was dein Land für dich tun kann. Frage, was du für dein Land tun kannst.«

Ein sehr weiser Satz. Denn der Staat sind wir alle. Und wenn keiner mehr zur Wahl geht, gibt es auch keine Demokratie mehr. Wählen zu dürfen ist ein hart erkämpftes Recht der Mitbestimmung, auf das keiner verzichten sollte!

Vor einer Wahl gibt es immer einen Wahlkampf. In dieser Zeit stellt jede Partei ihr Parteiprogramm vor.

Das Wahlrecht

In Österreich gilt das allgemeine, gleiche, unmittelbare, persönliche, freie und geheime Wahlrecht. Doch was bedeutet das eigentlich?

Allgemeines Wahlrecht: Das Wahlrecht haben alle österreichischen Staatsbürger, die das Wahlalter erreicht haben (also 16 Jahre alt sind) und nicht vom Wahlrecht ausgeschlossen sind.

Persönliches Wahlrecht: Die wahlberechtigte Person muss ihre Stimme persönlich abgeben. Das heißt, niemand kann sie bei der Stimmabgabe vertreten.

Gleiches Wahlrecht: Jede Stimme hat den gleichen Einfluss auf das Wahlergebnis, unabhängig von Faktoren wie Alter, Beruf, Einkommen oder Anzahl der Wohnsitze.

Geheimes Wahlrecht: Das Wahlverfahren muss so organisiert sein, dass weder die Öffentlichkeit noch die Wahlbehörde die abgegebene Stimme erkennen können. Aus diesem Grund findet die Stimmabgabe in einer Wahlzelle statt, bevor der Stimmzettel in einem Kuvert vor Zeuginnen in eine Wahlurne geworfen wird (Wahlgeheimnis).

Freies Wahlrecht: Auf die Wähler darf kein Zwang oder Druck hinsichtlich ihrer Wahl ausgeübt werden.

Unmittelbares Wahlrecht: Die auf der Wahlliste gereihten Kandidatinnen werden direkt von den Wählern gewählt.

Petitionen, Demonstrationen, Volksbegehren ...

Als Bürgerin dieses Landes hast du eine Vielzahl an demokratischen Möglichkeiten, die helfen, deine Wünsche und Anliegen umzusetzen. Du kannst Unterschriftenaktionen starten, Petitionen an den Nationalrat verfassen, vielleicht sogar eine Bürgerinitiative oder ein Volksbegehren initiieren oder gar eine Demonstration organisieren. Bei all diesen Dingen gilt, dass sie sehr viel Zeit in Anspruch nehmen und du Freunde und Freundinnen benötigst, die dir helfen.

Deshalb ist es ratsam, über das Problem einmal mit einem Politiker zu reden, der in deinem Ort lebt. Das kann, wie gesagt, die Bürgermeisterin sein oder ein Abgeordneter des Landtages, ein Mitglied des Gemeinderates oder des Nationalrates. Und auch wenn diese Politikerin sagt, dass sie nicht dafür zuständig ist – was durchaus sein kann, da Politiker sich nicht in allen Fachgebieten auskennen können –, kann sie dir Tipps geben, was und wie du weitermachen sollst. Möglicherweise schreibt sie einem anderen Politiker einen Brief, in dem sie von dem Gespräch mit dir berichtet. Oder sie ruft die zuständige Behörde an und leitet dein Anliegen weiter.

In der österreichischen Bundesverfassung ist das ***Versammlungsrecht*** festgeschrieben. Das heißt, dass Leute auf die Straße gehen können, um mit Plakaten, Lautsprechern und Fahnen auf ihre Forderungen aufmerksam zu machen.
Demonstrationen sind ein ganz wichtiges demokratisches Mittel. In vielen Ländern waren oder sind sie noch immer verboten. Demonstrationen müssen allerdings vorher angekündigt werden. Man kann sich nicht einfach so mit Freunden auf den Hauptplatz der Stadt stellen und einen riesigen Verkehrsstau verursachen. Ein paar Tage vor einer Demonstration muss man diese bei der Polizei melden. Auf dem Ansuchen muss stehen, wer demonstriert, wie viele Demonstrantinnen erwartet werden, warum man demonstriert, wo und von wann bis wann dies passieren soll.
Auch die Medien, also Journalisten einer Tageszeitung, einer Lokalzeitung oder einer Radio- und Fernsehanstalt solltest du darüber informieren, damit sie Bescheid wissen und vielleicht darüber berichten. Solche Medienberichte lesen viele und so wird euer Anliegen rasch verbreitet.

Ein ***Volksbegehren*** ist ein möglicher Weg, ein Gesetzgebungsverfahren einzuleiten. Damit ein Volksbegehren aber vom Nationalrat behandelt werden muss, benötigt es mindestens 100.000 Unterschriften. So etwas wirst du keinesfalls alleine organisieren können. Du kannst jedoch solche Aktionen anregen und vielleicht findest du eine große Organisation oder einen Verein als Partner, der dir bei der Umsetzung hilft. In Österreich hat es bisher 35 Volksbegehren gegeben. Die meisten Unterschriften (1,36 Millionen) wurden bisher 1982 gegen den Bau des Konferenzzentrums gesammelt.

Petitionen können von jedem österreichischen Staatsbürger unabhängig von der Zahl der Unterschriften angeregt werden. Wichtig ist hier allerdings, dass Petitionen nur von Mitgliedern des Bundesrats oder des Nationalrats eingebracht werden können. Am besten wendest du dich daher in einem solchen Fall an die Parlamentarierin deines Wahlkreises. Diese kann in Form einer Petition Anliegen aus der Bevölkerung direkt ins Parlament bringen!

Auf der Homepage des Parlaments gibt es eine eigene Plattform für Bürgerbeteiligung. Unter www.parlament.gv.at/PAKT/BB findest du eine Liste mit allen aktuellen Petitionen, Bürgerinitiativen und Stellungnahmen.

Mit einer ***parlamentarischen Bürgerinitiative*** können sich österreichische Staatsbürger direkt an den Nationalrat wenden. Man braucht mindestens 500 Unterschriften und die Erstunterzeichnerin muss in der Wählerevidenz einer österreichischen Gemeinde eingetragen sein. Wenn diese Voraussetzungen erfüllt sind, kann die Bürgerinitiative jederzeit in der Parlamentsdirektion vorgelegt werden. Der Erstunterzeichner kann sich aber auch einen Termin mit der Nationalratspräsidentin ausmachen und ihr die Initiative persönlich überreichen.

Die Zustimmung für Petitionen oder Bürgerinitiativen kannst du jetzt auch elektronisch auf der Homepage des Parlaments abgeben. Dieses Daumen-Hoch Zeichen bedeutet, dass du im Internet deine Zustimmung abgeben kannst.

Seit September 2017 gibt es durch das ***erweiterte Begutachtungsverfahren*** für alle Bürger die Möglichkeit eine Stellungnahme zu einem vom Ministerium vorgeschlagenen Gesetz abzugeben. Nachdem das Gesetz vorgeschlagen wurde und noch bevor es im Nationalrat diskutiert wird, kann man seine Meinung dazu kundtun. Das nennt man Stellungnahme. Der Nationalrat wird so über die Meinung der Bürgerinnen, Institutionen und Organisationen informiert und kann sie beim Beschluss berücksichtigen. Außerdem wurde dazu die Möglichkeit geschaffen, eine Stellungnahme von jemand anderem zu unterstützen.

Wusstest du, dass du die Abgeordneten deines Wahlkreises oder die Mitglieder des Bundesrats deines Bundeslandes ganz leicht im Internetangebot des Parlaments finden kannst? Schau nach unter: www.parlament.gv.at im Menüpunkt Wer ist wer.

Mitbestimmen in der Gemeinde

Auch in der Gemeinde kann man sich politisch engagieren, z.B. in Vereinen, wie den Pfadfindern, den Naturfreunden, der Jungschar, den Kinderfreunden oder einer anderen Jugendorganisation. Dort werden viele gemeinsame Aktivitäten geplant und unternommen. Interessante Menschen werden eingeladen, mit denen man reden kann. Hier findest du Gleichaltrige, die dir zuhören, wenn du ein Anliegen vorbringst. Vielleicht lässt sich ja auch in deinem Ort oder der Gemeinde etwas verändern, z. B. wenn es keinen Sportplatz gibt, aber das Fußballspielen überall verboten ist. Es gibt ja die Bürgermeisterin, bei der man anrufen und um einen Gesprächstermin bitten

kann. Wahrscheinlich wird man diesen Termin mit dem Sekretär ausmachen.
Natürlich müsst ihr euch vorher gut überlegen, was ihr sagen möchtet. Aber keine Angst! Die meisten Bürgermeister sind sehr daran interessiert, was die jungen Bürgerinnen ihrer Stadt zu sagen haben.

Schule und die große Politik

»In die Schule geh ich gern, weil ich dort so vieles lern«, ein Spruch, der nicht von Jugendlichen stammt. Schüler haben oft das Gefühl, dass vieles, was man in der Schule lernt, völlig unnötig ist. Für die Politik gilt das jedoch nicht. Bereits in der Schule kann man sehr viel lernen, was eine Politikerin tagtäglich braucht: Vor Menschen ein Referat oder eine Rede zu halten, in der Gruppe ein Thema zu diskutieren oder gar eine Diskussion zu leiten, Aufsätze und Kommentare zu verfassen, bei einer Zeitung mitzuarbeiten oder diese herauszugeben, jemanden zu interviewen, Hintergründe im Internet zu recherchieren und gemeinsam etwas durchzusetzen.

Ein gutes Beispiel dafür sind die Schüler des Badener Gymnasiums Biondekgasse. 1998 ereignete sich ein tragischer Unfall. Ein alkoholisierter Lenker eines PKWs rammte einen mit Jugendlichen vollbesetzten Kleinbus. Ein Schüler starb sofort, zwei weitere erlagen Tage später den schweren Verletzungen. Alle Opfer kamen aus dem Gymnasium in der Biondekgasse in Baden in Niederösterreich. Die ganze Schule war geschockt und keiner verstand, warum alkoholisierte Lenker nicht härter bestraft werden. Außerdem sei die 0,8 Promille-Grenze im Blut viel zu hoch, argumentierten die Schulsprecher damals. Die Trauer verwandelte sich in Ärger, Wut und Tatendrang. Unterschriften für eine Abschaffung oder zumindest eine Senkung der 0,8 Promille-Grenze wurden gesammelt, ein Schweigemarsch organisiert, vor dem Parlament demonstriert. Das persönliche Schicksal der Jugendlichen ging allen sehr nahe, besonders auch durch die vielen Medienberichte. Tageszeitungen, Radiosendungen und zuletzt auch eine **Help-TV-Spezialsendung** im Fernsehen zeigten Wirkung. Die festgefahrenen politischen Fronten wurden langsam aufgelöst. Am Tag nach der Fernsehdiskussion zeigten sich sogar der Bundeskanzler und der damalige Familienminister bereit, eine gesetzliche Änderung durchzuführen. So gelang den Schülerinnen der Biondekgasse etwas ganz Großes: Nur zwei Monate später beschloss der Nationalrat eine Gesetzesänderung auf eine 0,5 Promille-Grenze. Dieses Beispiel zeigt, dass die Demokratie in Österreich funktioniert und auch jeder Einzelne etwas bewirken kann. Doch vielleicht findet man ja auch Partnerinnen, die einem dabei helfen, etwas zu bewirken – denn gemeinsam kämpft es sich immer leichter als alleine.

In der Schule kann man auch erste politische Erfahrungen sammeln, indem man Klassensprecher oder Schulsprecherin wird. In den Schulgesetzen ist vorgeschrieben, dass jede Klasse einen Sprecher wählen muss. Der Klassenvorstand organisiert diese Wahl. Das heißt aber nicht, dass die Lehrerin bestimmt, wer dies wird. Ihr alleine wählt einen Sprecher aus eurer Mitte. Dazu wird es sinnvoll sein zunächst fest-

zustellen, wer überhaupt zur Wahl antreten möchte. Die Namen schreibt ihr auf die Tafel und dann sollte jede Kandidatin kurz sagen, warum man sie wählen soll. Eine gute Idee ist es auch, wenn um alle Kandidaten jeweils eine Gruppe von Mitschülerinnen gebildet wird. Diese Gruppe erarbeitet mit den Kandidaten ein Wahlplakat, auf dem steht, was die Klassenpolitikerin zu tun gedenkt, wenn sie gewählt wird. Diskutiert danach diese Wahlversprechen in der ganzen Klasse. Wichtig bei einem Klassensprecher ist vor allem, dass er für euch da ist, zuhören kann, gut zu reden und argumentieren versteht und auch genügend Mumm hat, einmal aufzustehen und der Lehrerin zu sagen, was euch nicht gefällt - selbst wenn diese es nicht gerne hört.
Nun kommt es zur Wahl, die natürlich geheim stattfinden sollte. Jeder schreibt seine Favoritin auf einen Zettel, der zusammengefaltet und in einen Hut oder eine Schachtel geworfen wird. Damit die Wahl wirklich anonym verläuft, sollten die Zettel alle gleich aussehen. Jetzt werden die Stimmen ausgezählt und dann könnt ihr eurem neuen Klassensprecher gratulieren.

Alle Klassensprecherinnen wählen Tage später auf dieselbe Art und Weise den Schulsprecher, der sich bei Problemen direkt an die Schuldirektorin wenden kann. Der Schulsprecher ist auch Mitglied der so genannten Schulpartnerschaft. Das ist ein Gremium, an dem außer ihm noch Vertreterinnen der Lehrer, der Eltern und die Direktorin teilnehmen. Bei diesen Sitzungen kann wirklich Politik gelernt werden. Wem das nicht genug ist, der kann auch zum Landesschulsprecher oder später auch zur Bundesschulsprecherin kandidieren, die Kontakt zum jeweiligen Bildungsminister hat.

Fragt doch mal eure Lehrer, ob sie mit euch einen Wahlkampf durchspielen und ein Schülerparlament wählen. Das macht großen Spaß und man lernt dabei außerdem, wie Politik funktioniert.

Demokratie zu Hause umsetzen

Vielleicht ärgerst du dich hin und wieder, dass zu Hause immer deine Eltern das Sagen haben. Könnte man da nicht etwas ändern? Ganz so einfach ist es leider nicht. Denn Eltern haben Pflichten, die in Gesetzen festgeschrieben sind.

Deine Eltern müssen dafür sorgen, dass es dir gut geht, dass du genügend zu essen bekommst, ein Bett hast oder ein Erwachsener da ist, wenn du Hilfe benötigst. Das nennt man Obsorgepflicht.

Auch wenn du vielleicht lieber am Abend länger mit Freunden unterwegs sein würdest, müssen dir die Eltern das verbieten, denn bestimmte Altersgrenzen sind gesetzlich festgelegt. Das heißt aber nicht, dass du keine Verantwortung übernehmen kannst. Beispielsweise könntest du mitbestimmen, wann und wie lange du fernsehen darfst, ob deine Freundin am Wochenende bei dir übernachtet, wann du ins Bett musst und wie hoch dein Taschengeld ausfällt. Um hier etwas zu erreichen, musst du mit deinen Eltern diskutieren. Es gilt vor allem, gute Argumente zu finden, warum es Sinn macht, deine Pläne umzusetzen. Schreibe dir auf einen Zettel die Gründe für und gegen dein Anliegen auf. Wichtig ist dabei nicht nur, warum deiner Meinung nach etwas gemacht werden soll, sondern auch die Argumente dagegen. Wenn du dir schon vorher überlegst, was deine Eltern dagegen sagen werden, weißt du später in der Diskussion gute Antworten. Vermutlich wirst du dein Ziel nicht gleich beim ersten Anlauf erreichen, daher solltest du dir schon vorher überlegen, mit welcher Lösung du dich zufrieden geben könntest. Sowohl du als auch deine Eltern sollten für Kompromisse bereit sein.

Medien, dein Freund und Helfer?!

Wenn du morgens in die Küche kommst, sitzen dort vielleicht manchmal schon deine Eltern bei einer Tasse Kaffee und lesen Zeitung. Während der Nacht tragen Boten in ganz Österreich Zeitungen aus, damit alle über die Ereignisse in Stadt, Land und über die Grenzen Österreichs hinweg informiert werden. Den ganzen Tag über werden von Journalistinnen

Neuigkeiten gesammelt und in Artikel geschrieben, und über Nacht werden dann die Zeitungen gedruckt. Tageszeitungen, Wochenzeitungen oder Fachmagazine nennt man **Printmedien**. Schnellere Medien sind die so genannten audiovisuellen Medien, wie Radio oder Fernsehen. Daneben gibt es auch die ***neuen Medien***, wie z. B. das Internet, das immer mehr an Bedeutung gewinnt, gerade auch in Hinblick auf die Nachrichtenvermittlung. Auf diese Weise werden ständig viele Milliarden von Informationen rund um die Welt verbreitet.

Die Medien können dich bei der Umsetzung deines Anliegens unterstützen, allerdings solltest du dabei ein paar Dinge beachten. Das Thema muss für den Redakteur zunächst einmal spannend sein, denn es soll die Leserinnen natürlich interessieren. Am besten rufst du bei der Zeitung direkt an und fragst, ob Interesse besteht.

Je konkreter dein Anliegen ist, desto eher wird auch ein Medium darüber berichten. Wenn du beispielsweise der Journalistin sagst, dass auf der Welt viel zu viel Müll entsteht, besonders in den reichen Ländern, dann wird sie freundlich nicken, aber nicht darüber berichten, denn dieser Ansicht sind viele. Wenn du aber erzählst, dass in eurer Umgebung so viele Dinge weggeworfen werden und eure Klasse beschlossen hat, diesen Müll ein Wochenende lang zu sammeln, auf den Hauptplatz der Stadt zu bringen und eine Informationskampagne zu starten, wird sie neugierig nachfragen, wann und wo das passieren wird.

Eine weitere Möglichkeit, deine Meinung in einer Zeitung unterzubringen, ist ein Leserbrief. Dabei solltest du das Wichtige ganz an den Anfang schreiben und dich möglichst kurz fassen.

Es gibt auch so genannte ***Bürgerbeteiligungsmedien***. Z.B. gibt es in Wien die Sender **Radio Orange (www.o94.at)** oder **OktoTV (www.okto.tv)**. Dort kann man selbst Beiträge gestalten und veröffentlichen.

Auch in vielen Zeitungen gibt es spezielle Seiten für Beiträge von Kindern und Jugendlichen und die Redakteurinnen freuen sich sicherlich, wenn du sie anrufst. Die Adressen und Kontaktmöglichkeiten findest du im letzten Kapitel.

Wie du wahrscheinlich schon mitbekommen

hast, sind mit der Entwicklung des Internets die sogenannten **sozialen Medien** sehr wichtig geworden. Es gibt eine riesige Anzahl an sozialen Medien, zu den bekanntesten zählen Facebook, YouTube oder Twitter.
Bei einem sozialen Medium können die Benutzer miteinander kommunizieren und sich austauschen. Es unterscheidet sich von den **klassischen Medien** vor allem dadurch, dass die Benutzerinnen Inhalte und Informationen nicht nur erhalten und lesen, sondern auch kreieren und teilen können.
Studien zeigen, dass Jugendliche sich hauptsächlich über Online-Suchmaschinen, YouTube-Videos, Soziale Netzwerke und Wikipedia informieren. Das bringt einige Vorteile, gerade auch zur politischen Informationsvermittlung, mit sich. Du kannst auf Facebook beispielsweise nicht nur mit deinen Freunden in Kontakt bleiben, sondern zum Beispiel auch Artikel und Videos, die du spannend oder wichtig findest, teilen. Oder du **twitterst** deine Meinung zu einem Thema, das gerade in den Medien diskutiert wird. Vielleicht entdeckst du auch eine interessante Internetseite bei einer Facebook-Freundin. Wenn du glaubst, dass das auch andere interessieren könnte, dann kannst du wiederum diese Seite teilen. So können politische Positionen und Inhalte verbreitet werden und zur Meinungsbildung beitragen.
Facebook sollte allerdings nicht der einzige Ort sein, an dem die Meinungsbildung stattfindet. Du kannst deine Eltern fragen, was sie wählen, oder ihr könnt in der Schule eine Diskussion darüber führen, wer eure Interessen am besten vertritt.

Du kannst Facebook beispielsweise auch nutzen, um auf dein Anliegen aufmerksam zu machen. Ihr könntet zu eurer Müllsammelaktion eine Veranstaltung kreieren, zu der du deine Freunde und Familie einlädst. Sie können sich dann am Hauptplatz von euch zum Müllproblem informieren lassen. Aber auch größere Projekte lassen sich auf Facebook gut verbreiten. Wenn ihr beispielsweise eine Demonstration für eure politischen Anliegen organisieren wollt, braucht ihr eine große Anzahl von Leuten, die euch unterstützen. Das muss über euren eigenen Freundeskreis hinausgehen und über Facebook könnt ihr viele Menschen erreichen.

Man muss bei den sozialen Medien allerdings auch vorsichtig sein und ein paar Dinge beachten. Auf sozialen Netzwerken musst du oft viele persönliche Informationen preisgeben. Dadurch machst du dich angreifbar und es kann passieren, dass du von unbekannten Personen angeschrieben wirst. Nutze also am besten die Einstellungsmöglichkeiten von Facebook und entscheide selbst, wer was sehen kann.

Aber auch bei Inhalten, die von anderen geteilt werden, solltest du kritisch bleiben. Denk daran, dass jeder alles teilen kann. Anders als bei Zeitungen oder Radio, gibt es im Internet oft keine Kontrolle über die Inhalte, die geteilt werden. Du solltest dich daher immer fragen, woher die Information, die du gerade liest, kommt. Ganz besonders aufpassen muss man bei Fake News – also bewusst gestreuten Falschmeldungen. Solche Seiten sind oft sehr professionell gestaltet, um den Eindruck seriöser Berichterstattung zu erwecken. Daher ist das Hinterfragen deiner Informationsquellen auch so wichtig und – zugegeben – nicht immer einfach.

Vielleicht magst du eure Lehrerin fragen, ob ihr das Thema **verantwortungsvoller und sicherer Umgang mit dem Internet** in der Schule behandeln könnt. Sie wird sich bestimmt über deinen Vorschlag freuen und eine Stunde vorbereiten oder einen Experten in eure Klasse einladen, der euch mehr darüber erzählt.

Der Weg zur heutigen Demokratie

Von der absoluten Monarchie zur Republik

1804 wurde das Kaiserreich Österreich gegründet und von Franz I. regiert. Die Leute im Land konnten nicht mitbestimmen. Das damalige Staatssystem nannte man absolute Monarchie. Viele Entscheidungen des Kaisers gefielen dem Volk in Österreich damals nicht, denn während es dem Kaiser und den Adeligen sehr gut ging, waren die meisten Leute sehr arm.

Die Kaiser von Österreich

1804 – 1835: Franz I.
1848 – 1916: Franz Joseph I.
1835 – 1848: Ferdinand I
1916 – 1918: Karl I.

Auch in anderen Ländern gab es früher Monarchinnen. In Frankreich z. B. lebte Marie Antoinette, eine Tochter der berühmten Maria Theresia aus Österreich (siehe Infokasten). Marie Antoinette war verheiratet mit König Ludwig XVI., und die beiden lebten in Saus und Braus, während das Volk hungerte. 1789 lehnte sich das Volk auf, es kam zur so genannten Französischen Revolution, der König wurde gestürzt, das Königspaar zum Tode verurteilt. Zu ähnlichen Geschehnissen und Auflehnungen des Volkes kam es später in vielen Ländern, so auch in Österreich.

Monarchie und Republik sind gegensätzliche Staatsformen. In der Monarchie ist das Staatsoberhaupt ein durch Erbfolge bestimmter Alleinherrscher (mono = allein), während in der Republik eine durch allgemeine Wahlen auf bestimmte Zeit gewählte Bürgerin regiert (res publica = eine öffentliche Sache). In Österreich ist der Bundespräsident dieses Staatsoberhaupt. Es gibt auch Monarchien, die Demokratien sind (z.B. alle heutigen europäischen Monarchien); man nennt sie konstitutionelle Monarchien.

Wie du schon auf Seite 27 erfahren hast, kommt das Wort Demokratie aus dem Griechischen von demos = Volk und kratein = herrschen. Der Wille der Mehrheit eines Volkes sollte also bei Entscheidungen ausschlaggebend sein. Die erste Demokratie wurde übrigens in Athen schon etwa 600 Jahre v.Chr. vom damaligen Gesetzgeber Solon eingeführt.

Maria Theresia (1717-1780)

Oft wird sie als Kaiserin bezeichnet, sie war jedoch noch keine Kaiserin von Österreich, sondern eigentlich Erzherzogin von Österreich und Königin von Ungarn (1741) und Böhmen (1743). Als Ehefrau des damaligen so genannten Kaisers des Heiligen Römischen Reiches Deutscher Nation konnte man sie aber trotzdem als Kaiserin betrachten. Wie ihr Vater Karl VI. regierte Maria Theresia im Stil des Absolutismus. Sie setzte eine ganze Reihe an Reformen durch. So führte sie z.B. die Schulpflicht ein, weil sie wollte, dass jedes Kind Bildung und damit bessere Lebenschancen bekommt. Wie es damals bei Herrschern üblich war, versuchte Maria Theresia ihren politischen Einfluss durch die Heiraten ihrer Kinder zu sichern und zu vergrößern.

Bereits zur Zeit der Monarchie wurde in Österreich ein Parlament gebaut. Es war zwar sehr prunkvoll und groß, doch das ganze Volk hätte darin nicht Platz gefunden. Der Kaiser bestimmte Volksvertreter, so genannte Mitglieder des Herrenhauses. Daneben gab es die gewählten Mitglieder des Abgeordnetenhauses, die das jeweilige Land im Parlament vertreten sollten. Da jedoch der Kaiser bei den Gesetzesentwürfen immer noch entscheiden konnte, ob sie umgesetzt werden sollten oder nicht, war es noch keine konstitutionelle Monarchie.

Der Kampf um die erste Verfassung

Zwischen den Jahren 1848 und 1918 sind in der österreichischen Monarchie nach und nach immer mehr demokratische Elemente eingeflossen. Die Impulse zu Veränderungen gingen dabei nicht vom Kaiser, sondern vom Volk aus. Die Bürger wollten gleich viel Mitsprache haben wie die Adeligen. Und die Frauen setzten sich für das allgemeine, gleiche Wahlrecht ein, das Männer schon ab 1907 hatten. Der Weg dorthin war nicht leicht und viele Fortschritte wurden immer wieder von Rückschritten abgelöst. Aber alles der Reihe nach ...

Die Verfassung regelt den Aufbau des Staates. In ihr sind auch die Grundrechte der Menschen festgelegt.

Die allererste so genannte Verfassung in Österreich wurde nach der Revolution im Jahr 1848 ausgearbeitet und hieß nach ihrem Autor, nämlich **Pillersdorf´sche Verfassung.** Nach dieser Verfassung bestand der Reichstag aus zwei Kammern, nämlich dem Senat (bestehend aus Adeligen, die der Kaiser einsetzte) und der Kammer der Abgeordneten. Letztlich war aber immer noch die Entscheidung des Kaisers nötig, um ein Gesetz zu erlassen. Das Volk protestierte deshalb gegen diese Verfassung, der Kaiser gab nach wenigen Monaten nach und die Verfassung wurde bald wieder ungültig. Kurz danach wurde in Österreich die erste parlamentarische Versammlung – der Reichstag – gewählt und am 22. Juli 1848 eröffnet. Das war das Ende des seit einem Jahrtausend bestehenden Feudalstaates. Anfang 1849 wurde dann wieder eine Verfassung beschlossen, nämlich der **Kremsierer Verfassungsentwurf**. Er bestand aus einer direkt vom Volk gewählten Kammer und eine von den Landtagen beschickten Länderkammer, war also eigentlich schon sehr fortschrittlich. Allerdings wurde er nie wirksam, weil Kaiser Franz Joseph I. (der Mann von Kaiserin Sisi) den Reichstag auflöste, kurz bevor die Verfassung beschlossen wurde.

Im Feudalstaat gehörte der Großteil des gesamten Besitzes dem Adel. Die Bauern durften die Grundstücke zwar bewirtschaften, mussten aber die gesamte Ernte an die Eigentümer abliefern.

Am dem selben Tag, dem 4. März 1849, erließ der Kaiser eine neue Verfassung. Sie wurde dem Land aufgezwungen, daher nannte man sie **oktroyierte Märzverfassung.** Allerdings trat diese Verfassung nie wirklich in Kraft und sie existierte eigentlich nur auf dem Papier. Am 31. Dezember 1851 unterzeichnete Kaiser Franz Joseph I. schließlich das so genannte **Silvesterpatent 1851.** Dieses Gesetz hob die **oktroyierte Märzverfassung** und die Grundrechte auf. Damit wurde die Monarchie wieder stärker und man kehrte zum Absolutismus zurück. Erst etwa neun Jahre später begann langsam wieder die Demokratisierung. Am 20. Oktober 1860 wurde das so genannte **Oktoberdiplom** erlassen. Es enthielt allerdings keine demokratische Gesetzgebung und wurde wenige Monate später wegen des Widerstands von Ungarn und den Deutschliberalen wieder ersetzt. Am 26. Februar 1861 wurde das **Februarpatent** erlassen. In ihm stand ein **Grundgesetz über die Reichsvertretung**; den damaligen Reichsrat konnte man daher als Parlament bezeichnen. Das Februarpatent war – wenn auch mit Unterbrechungen – bis 1918 in Kraft.

Die erwähnten Unterbrechungen entstanden, weil Ungarn das Februarpatent ablehnte. Doch mit dem österreichisch-ungarischen Ausgleich 1867 wurde schließlich der Parlamentarismus wieder gestärkt. Dieser Ausgleich war ein Vertrag, der das Ver-

hältnis zwischen Ungarn und Österreich regelte. Das Königreich Ungarn und das Kaiserreich Österreich existierten also gleichberechtigt nebeneinander. Das bisherige Kaisertum Österreich wurde damit in die so genannte **Doppelmonarchie** umgewandelt. Das bedeutet, dass der Herrscher sowohl den Titel **König von Ungarn** trug als auch **Kaiser von Österreich**. So wurden manche Angelegenheiten, wie z.B. das Heeres- und Finanzwesen, von gemeinsamen Ministerien bearbeitet. Andere Materien, wie beispielsweise die Handels- und Zollpolitik wurden jedoch weiterhin getrennt behandelt. Die gemeinsamen Behörden und Angelegenheiten der beiden Reichshälften der österreichisch-ungarischen Monarchien wurden als **kaiserlich und königlich** (**k. u. k.**), die der österreichischen Reichshälfte als **kaiserlich-königlich** (**k.k.**), die in Ungarn als **königlich ungarisch** (**k. ung.**) bezeichnet.

Beim Februarpatent wurde die Gesetzgebung zwischen der Krone (also dem Kaiser) und zwei Kammern des Reichsrats geteilt. Die eine Kammer war das Herrenhaus und die andere das Abgeordnetenhaus.
Die Mitglieder des Abgeordnetenhauses sollten durch die Landtage gewählt werden, ins Herrenhaus kamen Adelige und vom Kaiser ernannte Männer, die etwas Besonderes für Staat, Kirche, Wissenschaft oder Kunst geleistet hatten.

Mit der **Dezemberverfassung** von 1867 wurde für die österreichische Reichshälfte eine Regierungsform mit einer Verfassung eingeführt und das Februarpatent von 1861 wurde als **Gesetz über die Reichsvertretung** wieder in Kraft gesetzt.

Beim Wahlrecht änderte sich 1867 aber noch nicht viel. Es gab nach wie vor Wählerklassen und keine direkten Wahlen. Erst Schritt für Schritt wurde das Wahlrecht geändert. Die Stimme der armen Wähler waren viel weniger wert als die der reichen. So konnten z. B. 5.000 Großgrundbesitzer 85 Abgeordnete wählen, während 5,3 Millionen der allgemeinen Wählerklasse nur 72 Abgeordnete in den Reichstag entsenden konnten!

Auch die Gleichheitsgrundsätze des heutigen Grundgesetzes der Republik Österreich beruhen auf einem Artikel der Dezemberverfassung.

Im Jahr 1873 waren das erste Mal direkte Wahlen zum Abgeordnetenhaus erlaubt. Das war übrigens in etwa die Zeit, als mit dem Bau des Parlaments begonnen wurde. Erst Ende 1907 endete der Kampf um das direkte, allgemeine, gleiche und geheime Wahlrecht für Männer mit einer Wahlreform, wodurch die Wählerklassen abgeschafft wurden. Die Frauen mussten für das Wahlrecht noch bis zum Ende des Ersten Weltkriegs kämpfen.

Frauenwahlrecht und Frauen im Parlament

Im Gegensatz zu den Männern haben Frauen in Österreich erst seit dem 12. November 1918 (also der Ausrufung der Republik Österreich) das allgemeine, gleiche Wahlrecht. Durch ihren Einsatz in der Kriegswirtschaft des Ersten Weltkriegs hatte sich die soziale und wirtschaftliche Stellung der Frauen deutlich verbessert. Allgemeine und gleiche Wahlen für Männer und Frauen fanden erstmals 1919 statt. Zur ersten Sitzung des neuen Nationalrats am 4. März 1919 zogen auch die ersten Frauen als Abgeordnete ins Parlament ein: Sie waren von unterschiedlicher Herkunft und Bildung, hatten aber alle schon länger in einer Partei- oder Gewerkschaftsorganisation mitgearbeitet.
Bis in die 70er Jahre war der Frauenanteil im Nationalrat sehr niedrig – zwischen 3,6 und 6,7 Prozent. Erst ab 1975 und noch deutlicher ab 1990 wurde er höher; im Dezember 2002 machten Frauen erstmals mehr als ein Drittel der Abgeordneten aus. Im Präsidium des Nationalrats hat es bisher fünf Frauen gegeben. 2006 wurde mit Barbara Prammer erstmals eine Frau erste Nationalratspräsidentin.
Im Bundesrat war der Frauenanteil lange Zeit hindurch im Durchschnitt höher als im Nationalrat.

Wenige Wochen vor dem Ende des Ersten Weltkriegs (1914-1918), am 16. Oktober 1918, versuchte der letzte österreichische Kaiser Karl I., die österreichisch-ungarische Monarchie in einen mitteleuropäischen Bundesstaat umzugestalten. Sein Vorhaben scheiterte jedoch und er musste Österreich verlassen. Er flüchtete auf die Insel Madeira ins Exil und durfte nie wieder nach Österreich zurückkehren.

Kurz nachdem das Vorhaben Kaiser Karls I. gescheitert war, versammelten sich die 208 noch lebenden deutschsprachigen Mitglieder des vor dem Krieg gewählten Abgeordnetenhauses zur **Provisorischen Nationalversammlung für Deutsch-Österreich.** Sie bildeten eine vorläufige Regierung unter dem Sozialdemokraten Karl Renner und gaben dem neuen Staat am 30. Oktober 1918 eine provisorische Verfassung, den sogenannten **Beschluss über die grundlegenden Einrichtungen der Staatsgewalt**. Am 12. November 1918 rief die provisorische Regierung die Republik Deutsch-Österreich aus. Damit war das Ende der Monarchie in Österreich gekommen. Gleichzeitig wurde auch der Anschluss an das Deutsche Reich verkündet. Dieser Anschluss wurde jedoch nie wirksam und schließlich 1919 durch einen Friedensvertrag, den **Staatsvertrag von Saint-Germain** verboten. Der Staat hieß nun **Republik Österreich**. Im Februar 1919 wurde ein Parlament gewählt, das eine Verfassung ausarbeiten sollte. Es nannte **sich Konstituierende Nationalversammlung**.

Am 1. Oktober 1920 beschloss diese Versammlung das **Bundes-Verfassungsgesetz** (B-VG). Artikel 1 des B-VG sagt aus, dass Österreich eine parlamentarische Republik ist, deren Recht vom Volk ausgeht. Des Weiteren wird im B-VG unter anderem festgelegt, dass Österreich zwei Kammern hat, nämlich den Nationalrat (direkt vom Volk gewählt) und den Bundesrat (dessen Mitglieder von den Landtagen gewählt werden).

Seit 1920 war es immer wieder zu feindlichen Auseinandersetzungen zwischen den beiden großen politischen Lagern (Sozialdemokraten und Christlichsozialen) gekommen. Die Sozialdemokraten vertraten die Interessen der Arbeiterschicht, die Christlichsozialen verteidigten konservative, christliche Werte und vertraten das bürgerliche Lager. Neben diesen weltanschaulichen Unterschieden trug aber auch die schlechte wirtschaftliche Lage dazu bei, dass sich die beiden Lager immer weiter voneinander entfernten und schließlich feindlich gegenüberstanden. Auseinandersetzungen erreichten 1927 einen Höhepunkt: Bei

Sobald Kaiser Karl I. Österreich verlassen hatte, begann die Zeit der Republik. Statt eines Kaisers gibt es heute einen Bundespräsidenten, der jedoch im Vergleich zu einem Monarchen wenig Macht hat und nicht mehr alleine entscheiden kann. Die Gesetze und damit die Spielregeln für das gesamte Zusammenleben in Österreich werden seither im Parlament von Abgeordneten bestimmt, die gewählt werden. Die Bevölkerung gibt nun die Richtung an, in die es gehen soll.

Noch heute gilt dieses B-VG als Grundlage der Republik Österreich, jedoch in der Fassung von 1929, in der die Position des Bundespräsidenten und des Bundesrats gestärkt wurden.

einer großen Demonstration wurde der Wiener Justizpalast in Brand gesteckt und die Polizei ging gewaltsam gegen die Demonstranten vor.

Auf dem Weg zum Ständestaat

Inzwischen war der Nationalsozialismus immer stärker geworden. Am 4. März 1933 traten alle drei Nationalratspräsidenten wegen einer umstrittenen Abstimmung gleichzeitig zurück. Die Regierung unter dem damaligen Bundeskanzler Engelbert Dollfuß zögerte nicht lange und erklärte, der Nationalrat habe sich selbst ausgeschaltet. Dann verbot Bundeskanzler Dollfuß die **Kommunistische Partei** (KPÖ), den österreichischen Flügel der **Nationalsozialistischen Deutschen Arbeiterpartei** (NSDAP) und den **Republikanischen Schutzbund** (der den Sozialdemokraten nahestand). Er gründete eine Sammelbewegung, die **Vaterländische Front**, und regierte mit Notverordnungen, also ohne das Parlament.

Als die Sozialdemokraten im Februar 1934 Widerstand leisteten, wurde dieser blutig niedergeschlagen. Nach einem Bürgerkrieg, in dem der Schutzbund gegen Polizei, Militär und Heimwehr kämpfte, verbot Dollfuß auch die **Sozialdemokratische Arbeiterpartei Österreichs** (SDAP) und ließ die Führer aller sozialdemokratischen Organisationen verhaften.

Danach wurde von der Regierung die **Verfassung 1934**, die so genannte Maiverfassung, kundgemacht. Damit sie auch beschlossen werden konnte, war ein letztes Mal das alte Parlament von 1933 einberufen worden, allerdings ohne sozialdemokratische Abgeordnete. Diese Verfassung wurde also dem Volk aufgezwungen. Sie bot nun die rechtliche Grundlage für den so genannten **Ständestaat** (1934-1938). Es war ein autoritäres System, ein **Einparteiensystem**, die letzte Entscheidung über alle Gesetze lag immer bei der Regierung. Die einzige politische Organisation, die nicht aufgelöst wurde, war die **Vaterländische Front**. Von 1933 bis 1938 war das Parlament also keine funktionierende demokratische Institution, und unter dem darauf folgenden Nationalsozialismus (NS) existierte gar keines.

Nationalsozialismus und Zweiter Weltkrieg

Im März 1938 besetzten Truppen des nationalsozialistischen Deutschlands unter der Führung Adolf Hitlers Österreich. Einen Monat später wurde nach einer Volksab-

stimmung der so genannte **Anschluss** verkündet, das Parlamentsgebäude wurde sieben Jahre lang für nationalsozialistische Zwecke genutzt. Österreich wurde also offiziell Deutschland angeschlossen, es war somit Teil des Deutschen Reiches.
Mit rund 60 Millionen Todesopfern war der Zweite Weltkrieg eine der bisher schlimmsten Auseinandersetzungen, die es jemals in der Geschichte der Menschheit gegeben hat. Er begann in Europa mit dem Überfall Deutschlands auf Polen am 1. September 1939. In den folgenden Jahren führten Deutschland, Italien und Japan viele Eroberungszüge gegen andere Länder durch, um mehr Macht zu gewinnen. Am 8. Mai 1945 kapitulierte Nazi-Deutschland, das heißt, der Zweite Weltkrieg wurde für verloren erklärt.

Verfolgung und Antisemitismus

Menschen jüdischer Herkunft wurden in der NS-Zeit gnadenlos verfolgt; sie durften nicht mehr in die Schule gehen, auch nicht ins Theater oder ins Kino, es wurde ihnen verboten, ihre Berufe als Ärzte, Künstlerinnen oder Wissenschaftler auszuüben – und es wurde ihnen ihr Besitz (z.B. Häuser, Wohnungen, Geschäfte, Autos, Sparbücher) weggenommen und an Personen, die nicht jüdischer Herkunft waren (die so genannten **Arier**), billig abgegeben. Dies nannte man **Arisierung.** Bis zum Ende des Nationalsozialismus sind etwa sechs Millionen Jüdinnen in den Konzentrationslagern des NS-Regimes ermordet worden (diesen Völkermord bezeichnet man als **Holocaust**).

Mit Antisemitismus bezeichnet man feindselige Verhaltensweisen gegenüber Juden als Gruppe, insbesondere in Europa. Die Wurzeln des Antisemitismus reichen weit in die Geschichte zurück.
Vorurteile und Hass haben immer wieder dazu geführt, dass jüdische Bürgerinnen vertrieben, dass ihnen nur eingeschränkte Rechte zugestanden oder dass sie in ihrem Leben bedroht wurden.
Darauf aufbauend hat das nationalsozialistische Regime Millionen von Juden, seien es Babys, Kinder, Erwachsene oder alte Menschen, brutal und systematisch ermordet und unvorstellbares Leid angerichtet. Ganze Familien wurden ausgerottet. Trotz dieser Erfahrungen findet man leider heute noch antisemitische Vorurteile, denen entschieden und konsequent entgegen getreten werden muss.

Auch zahlreiche Österreiche unterstützten, ja beteiligten sich an dieser Schreckensherrschaft des Nationalsozialismus. Diese Tatsache wurde oft verschwiegen oder geleugnet, um die Mitverantwortung an der Ermordung von sechs Millionen Jüdinnen und Juden, vielen politisch Andersdenkenden und verschiedenen Angehörigen von Minderheiten in Konzentrationslagern auf andere abschieben zu können. Das hat sich inzwischen geändert und Österreich hat im Laufe der Zeit Maßnahmen zu Gunsten der Überlebenden der NS-Verfolgung gesetzt.

Kannst du dir vorstellen, wie schwierig es damals für die Menschen war, denen alles weggenommen wurde? Aber es ist auch sehr schwer, das Vermögen, die Häuser und Grundstücke von damals heute wieder an die rechtmäßigen Eigentümer zurückzugeben, denn oft gibt es die Häuser von damals nicht mehr oder man müsste sie den jetzigen Besitzern wegnehmen.
Um die überlebenden Opfer dieser NS-Verfolgung wenigstens symbolisch zu entschädigen, wurde 1995 das so genannte **Bundesgesetz über den Nationalfonds der Republik Österreich für Opfer des Nationalsozialismus** erlassen. Im Jahr 2001 einigte sich Österreich mit Vertreterinnen von Opfergruppen, einen Entschädigungsfonds für Opfer des Nationalsozialismus einzurichten und dafür zu sorgen, dass diese das unter dem Nationalsozialismus enteignete (»arisierte«) und noch nicht zurückgegebene Vermögen wieder zurückerhalten bzw. dafür eine Entschädigung bekommen.

Auf dem Weg in die 2. Republik!

Bereits in den letzten Wochen des Krieges hatten sich drei große politische Parteien des früheren Österreich (SPÖ, ÖVP und KPÖ) versammelt, um eine provisorische - also nur vorübergehende - Regierung, wieder unter Karl Renners Leitung, zu bilden.

Diese Regierung erklärte die Wiedererrichtung der Republik Österreich am 27. April 1945 und wurde schließlich von den Siegermächten, also von der Sowjetunion, USA, Frankreich und Großbritannien anerkannt. Sonst hätte es vielleicht auch in Österreich eine Teilung wie in Deutschland gegeben und es wäre, wie in Berlin, von den Kommunisten eine Mauer quer durch das Land errichtet worden.

Mit der Unabhängigkeitserklärung vom 27. April 1945 bzw. dem **Verfassungs-Überleitungsgesetz** vom 1. Mai 1945 kehrte Österreich zur Verfassung von 1920/1929 zurück. Seither hat es zahlreiche Ergänzungen und Änderungen der österreichischen Verfassung gegeben, viele davon z. B. durch internationale Konventionen (Europäische Menschenrechtskonvention, mehrere Menschenrechtsabkommen der UNO, usw.).

Am 15. Mai 1955 wurde im Schloss Belvedere der Österreichische Staatsvertrag unterzeichnet, der von den Alliierten Mächten (UdSSR, USA, Großbritannien, Frankreich) und Österreich unterzeichnet wurde. Außenminister Leopold Figl rief spontan vom Balkon des Belvedere: **Österreich ist frei!**

Damit war Österreich wieder ein unabhängiger und souveräner Staat. Das Parlament erhielt wieder seine vollen Entscheidungsbefugnisse. Am 26. Oktober 1955 wurde das Gesetz über die Neutralität beschlossen. Dieser Tag gilt gemeinhin als jener, an dem der letzte ausländische Soldat Österreich verlassen hat. Es ist ein sehr bedeutender Tag für Österreich und zehn Jahre später - also am 26. Oktober 1965 - wurde der Tag zum Nationalfeiertag erklärt.

Wichtige Personen der 2. Republik

Engelbert Dollfuß Dollfuß wurde am 4. Oktober 1892 in Texing (Niederösterreich) geboren. Er wurde 1934 beim nationalsozialistischen Juli-Putsch im Bundeskanzleramt ermordet. Dollfuß war von 1932 bis 1934 Bundeskanzler und Außenminister.

Dr. Karl Renner Karl Renner wurde am 14. Dezember 1870 in der Tschechischen Republik geboren und starb am 31. Dezember 1950 in Wien. Er setzte sich in der Kaiserzeit für eine föderalistische Neuordnung der österreichisch-ungarischen Monarchie ein und war ein Vorkämpfer der Arbeiterbildungsbewegung. Die Wurzeln für die sozialdemokratische Gesinnung Dr. Karl Renners sind vermutlich in seiner von Armut geprägten Jugend zu finden. Sein politisches Engagement für die Sozialdemokratie wurde sicherlich durch seine Nähe zur Politik als Bibliothekar der **Parlamentsbibliothek** verstärkt. Ab 1907 war er selbst Abgeordneter. Von 1918 bis 1920 war er Staatskanzler der Ersten Republik. In den Jahren 1945 bis 1950 war er als Bundespräsident um den Wiederaufbau sowie die Demokratie in Österreich bemüht.

Hans Kelsen Geboren am 11.Oktober 1881 als Sohn einer deutschsprachigen jüdischen Familie in Prag, gilt Hans Kelsen als »Architekt« des österreichischen Bundes-Verfassungsgesetzes: 1919 hatte Staatskanzler Karl Renner den frisch gebackenen Rechtsprofessor für die Ausarbeitung der Verfassung herangezogen.
Kelsen wirkte entscheidend am so genannten B-VG 1920 mit, das den Kern der bis heute geltenden Verfassung darstellt. Er lehrte an den Universitäten Wien, Köln, Genf und Prag, bis er 1940 in die Vereinigten Staaten emigrieren musste, wo er in Harvard und an der University of California tätig war. Er starb 1973 in Berkeley, Kalifornien.

Leopold Figl Figl wurde am 2. Oktober 1902 in Rust (Niederösterreich) geboren und verstarb am 9. Mai 1965 in Wien. Figl zählte in den Jahren des nationalsozialistischen Machtausbaus zu den schärfsten Gegnern des Anschlusses von Österreich an das Deutsche Reich und schloss sich einer antinationalsozialistischen Untergrundorganisation an. Von 1938 bis 1943 war er im Konzentrationslager Dachau und von 1944 bis 1945 im Konzentrationslager Mauthausen inhaftiert. Nach der Befreiung 1945 wurde Figl zum Landeshauptmann von Niederösterreich ernannt. Er war Mitbegründer der Österreichischen Volkspartei, bekleidete 1945 das Amt des Staatskanzlers in der provisorischen Regierung Renners und stand als erster Bundeskanzler (1945-1953) an der Spitze der neuen Österreichischen Republik. 1959 bis 1962 war er Präsident des Nationalrats. Als Bundesminister für Äußeres verhandelte und unterzeichnete er 1955 den Staatsvertrag.

Österreichs Beitritt zur EU

Eine ganz entscheidende Änderung der österreichischen Verfassung bedeutete der Beitritt zur Europäischen Union im Jahre 1995, durch den auch ein Teil der Gesetzgebungsfunktion vom österreichischen Parlament auf Institutionen der EU (Rat der EU, Europäisches Parlament) übergegangen ist. Zwar bleiben viele interne Angelegenheiten der nationalen Gesetzgebung einzelner EU-Mitgliedstaaten erhalten, einiges jedoch, z. B. die Frage, welches Material in Kinderspielsachen enthalten sein darf, wird jetzt von der Europäischen Union bestimmt. Dafür gibt es EU-Gesetze (die man Verordnungen nennt) und allgemeine EU-Richtlinien, in denen ein Rahmen für die Gesetze vorgegeben wird, die in Österreich beschlossen werden.

Bei einer Gesamtänderung der österreichischen Verfassung muss das Volk im Rahmen einer Volksabstimmung befragt werden. Weil einige Kompetenzen der Rechtsetzung von Österreich auf die EU übergingen, wurde das demokratische Grundprinzip der Verfassung berührt und damit musste das Volk dem Beitritt zustimmen. 66 Prozent der Bevölkerung stimmten für den EU Beitritt.

Verfassungsreform

Das österreichische Verfassungsrecht ist sehr zersplittert. Das heißt, dass es Verfassungsbestimmungen nicht nur im Bundes-Verfassungsgesetz gibt (wenngleich es die Basis des Verfassungsrechts ist). Oft findet man in ganz anderen, einfachen Gesetzen einzelne Paragraphen und Absätze, die im Verfassungsrang stehen – also Teil des Verfassungsrechts sind. Die vielen Verfassungsbestimmungen in anderen Gesetzen machen das Verfassungsrecht nur schwer überschaubar.

Es werden oft Details geregelt, obwohl die Verfassung eigentlich eher die Grundsätze und Grundlagen von Staat, Gesetzgebung, Verwaltung und Gerichtsbarkeit regeln sollte. Ein Problem ist auch die Zersplitterung und teilweise Überschneidungen der Zuständigkeiten zwischen Bund, Ländern und Gemeinden. Es ist aber nicht gerade einfach die geltenden Verfassungsgesetze zu ändern, weil es dazu im Nationalrat eine Zweidrittelmehrheit braucht. Daher gab es die Idee, die österreichische Verfassung zu erneuern – eine sogenannte Verfassungsreform. Im sogenannten **Österreich-**Konvent, eine Versammlung zur Ausarbeitung einer neuen Verfassung, arbeiteten vom 30. Juni 2003 bis zum Januar 2005 Vertreter des Nationalrats, der Bundesregierung, der Länder, der Sozialpartner und etliche Expertinnen an Vorschlägen, um die Verfassung für alle Bürger überschaubar und verständlich zu gestalten.

Manche Ideen aus dem Konvent wurden schlussendlich umgesetzt. Zum Beispiel gab es 2014 eine große Verwaltungsreform und die gesamte Verwaltungsgerichtsbarkeit wurde neu organisiert. Eine neue Verfassung wurde aber bis heute nicht geschaffen.

Lexikon

Die wichtigsten Begriffe rund um Politik

Abänderungsantrag

Bevor ein Gesetz beschlossen wird, wird der Vorschlag in verschiedenen Sitzungen diskutiert. Hier können Abgeordnete dann einen Antrag auf Abänderung stellen.

Abgeordnete

Politische Entscheidungen können in einem Staat nicht von allen Leuten gemeinsam gefällt werden. Daher wählen die Staatsbürgerinnen Parteien, die bestimmte Personen als Kandidaten aufgestellt haben.
Je mehr Stimmen eine Partei erhält, desto mehr Mitglieder dieser Partei können als Abgeordnete ins Parlament kommen, um die Interessen ihrer Wählerinnen im Parlament zu vertreten.

Abstimmung

An einem Sitzungstag des National- oder Bundesrats müssen viele Entscheidungen getroffen werden. Bei der Stimmabgabe erfolgt die Abstimmung durch Aufstehen von den Sitzen (im Nationalrat) oder durch Heben der Hand (im Bundesrat).
Stimmenthaltung gibt es im österreichischen Parlament nicht – wer nicht abstimmen möchte, muss daher vor der Abstimmung den Plenarsaal verlassen.

Akteur

Eine Person, die sich an einem bestimmten Geschehen durch ihr Handeln aktiv beteiligt.

Aktuelle Stunde

Ein bestimmtes Thema von allgemeinem und aktuellem Interesse wird zu Beginn der Nationalratssitzung diskutiert: Die Aktuelle Stunde gehört zu den Mitteln, mit denen der Nationalrat die Bundesregierung kontrollieren kann.

Alleinregierung

Wenn alle Mitglieder der Regierung einer einzigen Partei angehören.

Anfrage

Die Abgeordneten zum Nationalrat und die Mitglieder des Bundesrats können von den Mitgliedern der Bundesregierung Auskünfte über bestimmte Angelegenheiten aus ihrem Wirkungsbereich verlangen.

Schriftliche Anfragen müssen innerhalb von zwei Monaten schriftlich oder mündlich beantwortet werden.

Dringliche Anfragen sind ebenfalls schriftlich, müssen aber am selben Tag noch mündlich im Plenum beantwortet werden. Die Zahl der Dringlichen Anfragen, die pro Sitzung gestellt werden dürfen, aber auch die Anfragen, die jährlich von jeder einzelnen Abgeordneten bzw. jedem Bundesratsmitglied gestellt werden dürfen, ist begrenzt.

Mündliche Anfragen können direkt in der Fragestunde des Nationalrates gestellt und müssen sofort beantwortet werden.

Archiv

Ort, an dem Schriftstücke aufbewahrt werden, damit sie auch später noch gelesen werden können. Im Parlament gibt es Dokumente, die mehr als 150 Jahre alt sind.

Assoziationsabkommen

Es gibt mehrere Staaten, die nicht der EU angehören (Drittstaaten), aber mit ihr Verträge abgeschlossen haben, um die gegenseitigen Handelsbeziehungen zu regeln.

Ausschuss

Hier bespricht eine kleine Gruppe von Abgeordneten zum Nationalrat bzw. Mitglieder des Bundesrates, die sich mit bestimmten Themen besonders gut auskennt, Gesetzesvorschläge, Berichte und Anträge, bevor sie im Plenum beschlossen werden. Auch Fachleute können zu den Beratungen eingeladen werden. Es gibt Fachausschüsse für die verschiedensten Bereiche (z.B. Familienausschuss, Wirtschaftsausschuss, Unterrichtsausschuss). Besonders wichtig sind die für die Angelegenheiten der EU zuständigen Ausschüsse.

Autoritäres System

Das lateinische Wort auctoritas bedeutet Einfluss oder Macht. Das davon abgeleitete französische Wort autoritaire bedeutet befehlerisch oder herrisch. In einem autoritären System setzt die Regierung zur Erhaltung ihrer Macht Gewalt ein und verfolgt politische Gegner. Grund- und Freiheitsrechte werden eingeschränkt, wie z.B. das Wahlrecht, die Meinungs- und Pressefreiheit, das Vereins- und Versammlungsrecht.

Beamte

Sie werden vom Staat angestellt und handeln im Auftrag des Staates (z.B. Polizistinnen).

Beharrungsbeschluss

Der Bundesrat hat in Österreich ein Vetorecht gegen Gesetzesbeschlüsse des Nationalrates, das heißt er kann Einspruch gegen ein Gesetz erheben. Der Nationalrat kann jedoch wiederum einen Beharrungsbeschluss fassen, durch den der Einspruch des Bundesrates wirkungslos wird. Man nennt das auch suspensives Vetorecht (im Vergleich zu einem absoluten Vetorecht).

Begutachtung

Wenn Fachleute einen neuen Gesetzesentwurf beurteilen und schreiben, was sie daran gut oder schlecht finden.

Behörde

Eine Einrichtung des Staates, die bestimmte öffentliche Aufgaben erledigt. Eine Behörde kann eine einzelne Person sein (z.B. ein Bundesminister) oder aus mehreren Personen bestehen (z.B. die Bundesregierung).

Bescheid

Anordnungen, die Verwaltungsbehörden für bestimmte Einzelfälle erlassen (z.B. Führerscheinentzug).

Beschluss

Er entsteht, wenn das Plenum im Nationalrat oder im Bundesrat zu einer Entscheidung kommt. Meistens reicht für einen Beschluss die Mehrheit der Stimmen, manchmal müssen aber zwei Drittel der Abgeordneten bzw. zwei Drittel der Mitglieder des Bundesrates zustimmen, um einen gültigen Beschluss zu erzielen.

Botschafterin

Die höchsten diplomatischen Vertreter eines Landes in einem anderen Staat. Sie pflegen Kontakte zu wichtigen politischen Persönlichkeiten und anderen Botschafterinnen und genießen besondere Rechte als Übermittler von Nachrichten zwischen Regierungen.

Budget

Als Budget wird der Haushaltsplan eines Staates bezeichnet. Im Budget sind alle Einnahmen und Ausgaben eines Landes berücksichtigt. Im Finanzministerium wird für jedes Jahr ein Budgetentwurf erstellt, der im Parlament vorgestellt wird.
Man kann das Budget des Staates mit dem Taschengeld vergleichen, das du dir auch in einem gewissen Zeitraum aufteilen musst.
In Österreich wird statt Budget und Haushaltsplan auch von Finanzgebarung gesprochen.

Bund

Bezeichnung für den Staat als größte Verwaltungseinheit. Andere Verwaltungseinheiten sind z.B. die Bundesländer oder die Gemeinden.

Bundesfinanzgesetz

Es enthält das Bundesbudget und ist daher die Grundlage für die Haushaltsführung des Bundes.

Bundesgesetz

Vorschriften, die im ganzen Bundesgebiet gelten.

Bundesgesetzblatt

Im **Bundesgesetzblatt für die Republik Österreich** werden die vom Nationalrat und Bundesrat beschlossenen Gesetze veröffentlicht oder, wie es in der Fachsprache heißt, **kundgemacht.** Über das Internet **(www.ris.bka.gv.at)** hat jede Bürgerin Zugang zu den Gesetzestexten und kann nachlesen, welche Vorschriften in Österreich gelten.

Bundesgesetzgebung

An der Entstehung von Gesetzen des Bundes sind mehrere Personen und Organe beteiligt: Nationalrat, Fachausschüsse, Bundesrat, Bundespräsident, Bundeskanzlerin und der zuständige Bundesminister. Daneben spielen in der Praxis die Regierung, die Kammern und Verbände, Berufsvereinigungen, Expertinnen und verschiedene Politiknetzwerke eine wichtige Rolle im Verlauf der Gesetzesentstehung.

Bundeskanzler

Er ist der »Chef« der Regierung. Er wird meist von der stimmenstärksten Partei gestellt und trägt die Verantwortung für die Arbeit der Bundesregierung. Zu den Aufgaben dieses Amtes gehört die Leitung der gesamten Bundesverwaltung, der Vorsitz im Ministerrat, die Leitung des Bundeskanzleramtes und die Vertretung der Bundespräsidentin. Vertreten wird der Bundeskanzler durch die Vizekanzlerin.

Bundesland

Österreich besteht aus neun Bundesländern (Burgenland, Kärnten, Niederösterreich, Oberösterreich, Salzburg, Steiermark, Tirol, Vorarlberg, Wien), die zusammen den Bundesstaat Österreich bilden. In der Verfassung ist ganz genau geregelt, wofür der Bund, also die Bundesregierung und das österreichische Parlament, zuständig ist, und welche Aufgaben die Länder, also die Landesregierungen und die Landtage, haben.

Bundespräsident

Der Bundespräsident ist das Staatsoberhaupt der Republik Österreich. Zu seinen Aufgaben zählen sowohl innen-, als auch außenpolitische Aufgaben. Als Staatsoberhaupt vertritt er die Republik Österreich und ist Oberbefehlshaber des Bundesheeres. Sein Büro ist in der Hofburg. Der Bundespräsident wird von den Staatsbürgerinnen direkt gewählt, die Amtsdauer beträgt sechs Jahre. Nach Ablauf dieser Periode kann er noch ein zweites Mal gewählt werden, danach muss eine andere Person Bundespräsidentin werden.

Bundesrat

Das Parlament besteht aus zwei Kammern, dem Nationalrat und dem Bundesrat. Die Hauptaufgabe des Bundesrats besteht darin, die Interessen der neun Bundesländer bei der Entstehung von Bundesgesetzen zu vertreten.
Die Mitglieder des Bundesrats werden durch die Landtage der einzelnen Bundesländer gewählt, die Zahl der Vertreter hängt dabei von der Bevölkerungsgröße des jeweiligen Bundeslandes ab. So hat z.B. Vorarlberg als kleines Bundesland nur je drei Vertreterinnen im Bundesrat, Niederösterreich als größtes Bundesland hingegen zwölf. Insgesamt besteht der Bundesrat aus 61 Mitgliedern. Die Bundesländer wechseln sich halbjährlich in alphabetischer Reihenfolge im Vorsitz ab; Bundesratspräsident wird immer automatisch jenes Mitglied, das als erstes auf der Liste des Bundeslandes mit dem aktuellen Vorsitz steht.

Bundesregierung

Die Bundesregierung steht an der Spitze der Verwaltung des Staates. Sie besteht aus Bundeskanzlerin, Vizekanzler und den Bundesministerinnen. Die Regierung schlägt z.B. Gesetze vor, die sie für notwendig erachtet, und ist dafür verantwortlich, das umzusetzen, was im Parlament beschlossen wird.

Bundesstaat

Österreich ist ein Bundesstaat, das bedeutet, dass die Staatsgewalt auf Bund und Länder aufgeteilt ist. So gibt es eine relativ selbständige Landesgesetzgebung, eine Mitwirkung der Länder an der Bundesgesetzgebung durch den Bundesrat und eine relativ autonome Landesverwaltung. Der in der Verfassung vorgesehene Einfluss der Länder auf die Bundesgesetzgebung ist in Österreich aber relativ schwach.

Bundesstaatliches Prinzip

Eines der Grundprinzipien der österreichischen Verfassung, das besagt, dass jedes Bundesland eine eigene Landesverfassung, -regierung und -gesetzgebung hat.

Bundesversammlung

Ein Gremium, das aus den 183 Mitgliedern des Nationalrats und den 61 Mitgliedern des Bundesrats besteht. Sie wird nur für außergewöhnliche Aufgaben einberufen (z.B. Angelobung des Bundespräsidenten). Den Vorsitz der Bundesversammlung führen abwechselnd die Präsidentin des Nationalrats und der Präsident des Bundesrats. Die Sitzungen der Bundesversammlung finden im historischen Sitzungssaal statt, dem ehemaligen Abgeordnetenhaus-Sitzungssaal.

Bürgerin

Jeder Mensch ist ein Bürger oder eine Bürgerin mit gleichen Rechten und Pflichten. Sehr oft wird dafür auch die Bezeichnung **Staatsbürger** verwendet.
Darüber hinaus gibt es heute auch die Bezeichnung **EU-Bürgerinnen**, die alle Staatsbürger der EU-Mitgliedsstaaten meint.

Im Mittelalter waren Bürgerinnen jene Menschen einer befestigten Stadt mit eigenem Stadtrecht, die – im Gegensatz zu anderen Einwohnern – bestimmte Bürgerrechte hatten. Gesellschaftlich war das Bürgertum von anderen Gruppen – dem Adel, dem Klerus und dem Bauernstand – abgegrenzt.

Bürgerinitiative

Ein Zusammenschluss von Bürgerinnen, die bestimmte politische Ziele durchsetzen wollen. Sie können dem Nationalrat ein bestimmtes Anliegen schriftlich mitteilen (es muss von mindestens 500 österreichischen, wahlberechtigten Staatsbürgern unterzeichnet werden).

Debatte

Dieses Wort kommt ursprünglich aus dem Französischen und bedeutet »Wortschlacht«. Die Abgeordneten diskutieren über bestimmte Themen.

Demokratie

Das Wort Demokratie kommt aus dem Griechischen und bedeutet »Herrschaft des Volkes«. Das zentrale Wesen der Demokratie ist es, dass alle wesentlichen Entscheidungen des Staates von gewählten Vertreterinnen des Volkes getroffen werden. Ist die Bevölkerung mit den Entscheidungen nicht zufrieden, kann sie die Abgeordneten bei der nächsten Wahl abwählen und sich für eine andere politische Richtung entscheiden.

Demonstration

Eine Versammlung, auf der Teile der Bevölkerung sich für etwas einsetzen oder gegen etwas protestieren. Sie machen die Öffentlichkeit und möglicherweise die Medien auf ihr Anliegen aufmerksam. Demonstrationen sind ein wichtiges demokratisches Mittel der Bevölkerung, ihren politischen Willen und ihre Anliegen mitzuteilen.

designieren

Das Wort »designieren« kommt aus dem Lateinischen und bedeutet »im Voraus benennen«. Der Bundespräsident designiert z. B. nach den Wahlen die Spitzenpolitikerin der Partei mit den meisten Wählerstimmen für das Bundeskanzleramt.

Diktatur

In dieser Staatsform hat die Bevölkerung gar kein Recht auf Mitgestaltung und Kontrolle, es ist der Regierungsmacht gänzlich unterworfen. Weder an der Auswahl der Regierung, noch an ihrer Willensbildung kann das Staatsvolk mitwirken. Es gibt nur eine oder gar keine Partei und keine Wahlen oder nur Scheinwahlen.
Die Regierungsmacht kann also tun, was sie will, und die Grund- und Freiheitsrechte der Bürger gelten nicht oder nur sehr eingeschränkt.

Diskriminierung

Das Wort »Diskriminierung» kommt aus dem Lateinischen und bedeutet »Unterscheidung«. Diskriminiert wird eine Person oder eine Gruppe, wenn sie wegen bestimmter Eigenschaften (z.B. einer anderen Hautfarbe oder wegen der Religionszugehörigkeit) schlechter behandelt wird.

Dritte Welt

Nach der »Ersten Welt« (reiche, westliche Industriestaaten) und der »Zweiten Welt« (ehemalige kommunistische Staaten, »Schwellenländer«) wurden die ärmsten Länder dieser Welt als »Dritte Welt« bezeichnet. Diese Bezeichnung gilt allerdings als veraltet. Heute spricht man oft von »Entwicklungsländern« oder von »Ländern des Globalen Südens«.

EFTA

Die Abkürzung für »European Free Trade Association« oder »Europäische Freihandelszone«. Eine Vereinigung von Europäischen Staaten, die nicht zur EU gehören und Freihandelsverträge miteinander, mit der EU und Nicht-EU-Staaten abschließen, um den Handel untereinander und mit diesen zu erleichtern.

Die EFTA wurde 1960 gegründet und besteht seit dem Beitritt von Dänemark, dem Vereinigten Königreich, Portugal, Österreich, Finnland und Schweden zur EU nur noch aus Island, Liechtenstein, Norwegen und der Schweiz. Möglicherweise ändert sich mit dem Brexit 2019 die Situation, wenn sich das Vereinigte Königreich wieder der EFTA anschließt.

ehrenamtlich

So wird eine Tätigkeit oder Funktion bezeichnet, die man freiwillig ausübt und für die man nicht bezahlt wird. Ehrenamtliche Mitarbeiterinnen engagieren sich z.B. in sozialen Diensten, Vereinen oder anderen Organisationen für eine Sache, die ihnen wichtig ist. Das kann aus politischen, sozialen oder anderen Interessen sein.

Enquete

Der Begriff stammt aus dem Französischen und meint die Untersuchung und Aufklärung von wichtigen Angelegenheiten. Bei der parlamentarischen Enquete diskutieren Parlamentarier und geladene Expertinnen bestimmte Themen.

Enquetekommission

Ein Gremium, das eingesetzt wird, um die Entscheidung bei komplexen Fragen zu erleichtern. Die Enquetekommission befasst sich mit themenbezogenen Angelegenheiten und berichtet im Nationalrat davon.

Enqueterecht

Dieses Recht auf die Einsetzung von Untersuchungsausschüssen hat nur der Nationalrat.

Entschließungsantrag

Der Nationalrat und der Bundesrat haben das Rechte, Wünsche über die Ausübung der Vollziehung in Form eines Entschließungsantrags zu äußern. Man nennt das auch Resolutionsrecht.

EU-Richtlinie

Eine von der EU vorgeschriebene Leitlinie für die Mitgliedsstaaten. Sie ist - im Gegensatz zur EU-Verordnung - nicht direkt wirksam, sondern die einzelnen Mitgliedsstaaten müssen die Richtlinie erst durch nationale Gesetze umsetzen.

EU-Verordnung

Eine von der EU vorgeschriebene Rechtsnorm. Sie ist - im Gegensatz zur EU-Richtlinie - direkt wirksam und für alle Mitgliedsstaaten verbindlich. Die nationalen Parlamente müssen daher nicht erst entsprechende Gesetze beschließen.

Europa-Abgeordnete

Sie werden direkt von der EU-Bevölkerung für jeweils fünf Jahre gewählt. Österreich entsendet derzeit 18 Abgeordnete in das Europäische Parlament, das insgesamt 751 Abgeordnete umfasst. Sie können an den Verhandlungen der Europa-Ausschüsse des Nationalrats und des Bundesrats mit beratender Stimme teilnehmen.

Europäische Kommission

Die Europäische Kommission ist eines der wichtigsten Organe der EU, sie ist sozusagen ihr »Motor« und zuständig für das politische Geschehen. Jeder Mitgliedsstaat entsendet einen Kommissar, also gibt es insgesamt 28 Mitglieder. An der Spitze sitzt die Kommissionspräsidentin, die direkt vom Europäischen Parlament gewählt wird. Die Kommission wird für fünf Jahre ernannt.

Europäische Union (EU)

Die EU ist ein freiwilliger Zusammenschluss europäischer Staaten. Jedes europäische Land kann Mitglied werden, wenn es bestimmte Voraussetzungen erfüllt (z.B. muss es demokratisch sein). Derzeit hat die EU 28 Mitglieder (Oktober 2017), Österreich ist 1995 beigetreten. Seit 1. Jänner 2002 gibt es in bestimmten Mitgliedsländern den Euro als gemeinsame Währung und aufgrund des so genannten »Schengener Abkommens« gibt es an vielen Grenzen innerhalb der EU keine Kontrollen mehr. Die EU erlässt Verordnungen und Richtlinien, die in allen Mitgliedsstaaten gültig sind bzw. in diesen umgesetzt werden müssen. Österreich ist als EU-Mitglied verpflichtet, die eigenen Gesetze und Verordnungen an das EU-Recht anzupassen.

Europäischer Gerichtshof

Er ist für die Rechtsprechung in der EU verantwortlich und überwacht, dass das EU-Recht auf die gleiche Weise in den Mitgliedsstaaten angewendet wird. Streitigkeiten zwischen Mitgliedsstaaten und EU-Institutionen sind von ihm zu regeln, und die Organe und Mitgliedsstaaten der EU müssen sich an seine Entscheidungen halten, denn sie haben Vorrang vor nationalem Recht. Der Gerichtshof hat einen Richter aus jedem Mitgliedsstaat und neun Generalanwältinnen. Der Sitz des Europäischen Gerichtshofs ist in Luxemburg. Neben dem Europäischen Gerichtshof gibt es in Straßburg den Europäischen Gerichtshof für Menschenrechte. Dieser ist jedoch keine Institution der Europäischen Union. An ihn kann sich jeder Europäer wenden, wenn seine politischen oder bürgerlichen Rechte im eigenen Land verletzt wurden.

Europäische Menschenrechtskonvention

Eine wichtige Übereinkunft zum Schutz der Menschenrechte und Grundfreiheiten, die der Europarat am 4. November 1950 erklärt hat. Damit diese Rechte und Freiheiten eingehalten werden, gibt es den Europäischen Gerichtshof für Menschenrechte.

Europäischer Rat

Beim Europäischen Rat treffen sich die Staats- und Regierungschefs aller Mitgliedsstaaten sowie die Präsidentin der Kommission und der Hohe Vertreter der EU für Außen- und Sicherheitspolitik vier Mal im Jahr. Dieser so genannte »Europagipfel« findet in der Regel in Brüssel statt. Der Europäische Rat erörtert Grundsatzfragen der europäischen Politik und beschließt wichtige Angelegenheiten für die Entwicklung der EU.

Europäischer Rechnungshof

Er hat seinen Sitz in Luxemburg und ist für die Kontrolle der Finanzen der EU zuständig.

Europäisches Parlament

Das einzige demokratisch gewählte Organ der EU. Seine Abgeordneten werden alle fünf Jahre direkt von der EU-Bevölkerung gewählt. Die Aufgaben des EU-Parlaments sind die Gesetzgebung (zusammen mit dem Rat der Europäischen Union und der Europäischen Kommission), die demokratische Kontrolle der anderen EU-Institutionen und Beschluss, sowie Kontrolle des EU-Budgets. Der Sitz des EU-Parlaments ist in Straßburg, aber es arbeitet und tagt auch in Brüssel und Luxemburg.

Europarat

Der Europarat ist keine EU-Institution, sondern eine internationale Organisation mit 47 Mitgliedsstaaten und Sitz in Straßburg. Zu seinen Zielen zählen unter anderem der Schutz der Menschenrechte.

Exekutive

Die Exekutive ist eine der drei Gewalten des Staates. Sie wird auch »Vollziehung« genannt und hat die Aufgabe die geltenden Gesetze auszuführen und umzusetzen. Zur Exekutive gehört die Bundesregierung, aber auch die gesamte öffentliche Verwaltung. Landesregierungen, Bürgermeisterinnen, Beamte und Polizistinnen sind alle Teil der Exekutive.

Exil

Das Wort kommt aus dem Lateinischen und bezeichnet einerseits die Verbannung, Ausweisung, Flucht oder Auswanderung aus einem Land (meistens aus politischen und religiösen Gründen), und andererseits den Ort der Verbannung oder die Flucht selbst.

Faschismus

Eine autoritäre politische Bewegung, die am Anfang des 20. Jahrhunderts in Italien entstand (1922 bis 1943 unter Mussolini) und vor allem in der ersten Hälfte des 20. Jahrhunderts in vielen europäischen Staaten verbreitet war. Unter Faschismus versteht man eine rechtsextreme politische Bewegung, die politische Gegner verfolgt, einsperrt und sogar tötet. Faschismus lehnt Demokratie ab und will die unbeschränkte Macht eines Diktators (»Führer«). Die Herrschaftsform des Faschismus ist die Diktatur. In Österreich herrschte zwischen 1934 und 1938 der so genannte

»Austrofaschismus« unter den Bundeskanzlern Dollfuß und Schuschnigg. Eine besonders brutale Form von Faschismus war der Nationalsozialismus in Deutschland und Österreich. Von den Nazis wurden systematisch Millionen von Menschen ermordet (Holocaust).

Feudalstaat

Bei dieser Staatsform vom Mittelalter bis ins 18. Jahrhundert gehörte der Großteil des gesamten Besitzes dem Adel. Die Bäuerinnen durften die Grundstücke (Lehen) nur bewirtschaften und mussten dafür große Teile ihrer Ernte als Steuern an die Adeligen abliefern (Lehnswesen).

Finanzen

Der Begriff kommt aus dem Lateinischen und bedeutet »Geldangelegenheiten«. Mit »Staatsfinanzen« ist das Geld gemeint, das der Staat einnimmt und ausgibt. Zu den Einnahmen zählen z. B. die Steuern, zu den Ausgaben z. B. die Errichtung von Straßen, Schulen und Krankenhäusern.

Föderalismus

Das Wort »Föderalismus« kommt aus dem Lateinischen und enthält das Wort »Bündnis«. Föderalismus nennt man das Prinzip, wenn die politische Macht in einem Staat zwischen einer Zentralregierung und den Regierungen der untergeordneten Ebenen (in Österreich sind das die Bundesländer), aufgeteilt ist.

FPÖ

Die **Freiheitliche Partei Österreichs** ist eine der im Parlament vertretenen Parteien und geht aus dem nationalen Lager hervor. Ihr Vorläufer war der (Wahl-) Verband der Unabhängigen (WdU, später VdU), der 1949 zum ersten Mal an einer Nationalratswahl teilgenommen hat. 2005 spaltete sich das BZÖ (Bündnis für die Zukunft Österreichs) bzw. BZW (Bündnis Zukunft Wien) von der Partei ab.

Fraktion

Der Begriff »Fraktion« ist aus dem Lateinischen abgeleitet, und bedeutet »Bruchteil« oder »Teil des Ganzen«. Im Parlament sind damit die Versammlungen von

Parlamentariern der gleichen politischen Richtung gemeint. Wenn sich im Nationalrat mindestens fünf Mitglieder zusammenschließen, nennt man das einen Klub. Auch im Bundesrat und im EU-Parlament gibt es verschiedene Fraktionen.

Fragestunde

Am Beginn jeder Sitzung des Nationalrats und des Bundesrats können Parlamentarierinnen kurze Fragen an die Mitglieder der Regierung richten, die sich auf bestimmte Angelegenheiten aus ihrem jeweiligen Bereich (Ressort) beziehen. Das ist eines der Kontrollrechte des Parlaments gegenüber der Regierung.

Funktion

In einem Staat sind alle Aufgaben auf verschiedene Personen und Organisationen aufgeteilt. Beispielsweise sind Bundeskanzler, Bundesministerin und Nationalratspräsident die Namen einer bestimmten Funktion, eines Amtes und damit eines bestimmten Aufgabenbereichs.

Funktionsperiode

Der gesetzlich bestimmte Zeitabschnitt, in dem ein bestimmtes Amt oder ein bestimmter Aufgabenbereich ausgeübt wird.

Gebietskörperschaft

Eine Organisationseinheit, die für einen bestimmten Teil des Staatsgebietes bestimmte Aufgaben zu erfüllen hat (z.B. Gemeinden oder Länder). Eine Gemeinde kümmert sich z.B. um die Müllabfuhr, ein Bundesland um die Landesstraßen und der Bund um das Bundesheer.

Gegenzeichnung

Damit ein Bundesgesetz zustande kommt, muss die Bundespräsidentin das verfassungsmäßige Zustandekommen beurkunden und der Bundeskanzler muss es gegenzeichnen, also ebenfalls unterschreiben.

Gemeinde
Die kleinsten Verwaltungseinheiten des Staates. Es gibt z.B. Dorf-, Markt- und Stadtgemeinden.

Gericht
(auch als »Justiz« oder »Gerichtsbarkeit« bezeichnet): Sie sind dafür zuständig, Streitfälle zu schlichten und Urteile gegen Schuldige zu fällen. Zivilgerichte beschäftigen sich mit Streitigkeiten zwischen Personen, Strafgerichte kümmern sich um Verstöße gegen Strafgesetze.

Geschäftsordnungsgesetz des Nationalrats
Das ist ein Gesetz, welches Vorschriften und Regeln den Nationalrat betreffend, wie z.B. die Verfahrensabläufe im Nationalrat sowie die Rechte und Pflichten der Abgeordneten, enthält.

Gesetz
Allgemeine Regel oder Vorschrift, die alle BürgerInnen beachten müssen, damit es ein friedliches Zusammenleben gibt.

Gewaltentrennung
Die politische Macht wird zwischen verschiedenen Funktionen geteilt, die einander kontrollieren sollen, um einen Missbrauch von Macht zu vermeiden. Die Legislative ist dafür zuständig, die Gesetze zu machen, die Exekutive übt die Gesetze aus und die Judikative verhängt Strafen, wenn Gesetze nicht eingehalten werden.

Globalisierung
Als Globalisierung bezeichnen Experten das Zusammenwachsen und Näherrücken von Menschen auf der ganzen Welt. Neue Technologien ermöglichen den schnellen und weltweiten Austausch von Waren und Informationen. Der Welthandel bietet viele Vorteile und treibt den Wohlstand einiger Länder voran. Aber der Prozess ist auch umstritten: Die wirtschaftliche Macht wächst und konzentriert sich auf immer weniger Großkonzerne, während viele Menschen für einen Hungerlohn arbeiten und die armen Länder dieser Welt in neue Abhängigkeiten geraten.

Gremium

Ein organisatorischer Zusammenschluss, z.B. ein Ausschuss.

Grundrechte

Grundrechte sind Rechte einzelner Personen gegenüber dem Staat, die durch das Verfassungsrecht garantiert werden. Das Recht auf Leben, das Rechte seine Meinung offen zu sagen, oder der im Bundes-Verfassungsgesetz verankerte Gleichheitssatz, der die Gleichheit aller Staatsbürgerinnen vor dem Gesetz garantiert, zählen beispielsweise zu den Grundrechten. Im österreichischen Gesetz kommt der Begriff G**rundrecht** gar nicht vor, man spricht von »verfassungsgesetzlich gewährleisteten Rechten«.

Grüne

Eine Partei, die aus einem Wahlbündnis verschiedener Umweltbewegungen hervorgegangen ist. In den 1970er- und 1980er-Jahren entstanden in vielen europäischen Ländern Grünparteien und 1986 konnten die Grünen in Österreich zum ersten Mal Nationalratsmandate gewinnen, 2017 verpassten sie aber den Wiedereinzug in den Nationalrat. Wichtige Grundwerte sind: Umweltbewusstsein, Solidarität, Selbstbestimmung, Basisdemokratie, Feminismus.

Hearing

Wenn Expertinnen zu bestimmten Themen angehört werden, nennt man das ein »Hearing«. Dazu kommt es z. B. bei bedeutsamen Gesetzesentwürfen und Staatsverträgen, die Sachverständige oder Auskunftspersonen im Ausschuss dann öffentlich diskutieren.

Hinterbänkler

Die Abgeordneten, die in der letzten Reihe im Plenarsaal sitzen. Sie sind meistens neu in den Nationalrat gekommen. Wer längere Zeit dem Nationalrat angehört, rutscht eine Bankreihe nach der anderen nach vor und damit steigt auch seine Wichtigkeit.

Ideologie

Ein System von Ideen, Vorstellungen und Werten, wie Politik gestaltet werden soll.

Immunität

»Immun« bedeutet unantastbar. Alle Abgeordneten genießen parlamentarische Immunität, das heißt, dass sie für Abstimmungen nicht verantwortlich gemacht werden können. Wegen der in diesem Beruf gemachten mündlichen oder schriftlichen Äußerungen dürfen sie nur vom Nationalrat verantwortlich gemacht werden (berufliche Immunität).

Auch wegen strafbaren Handlungen dürfen sie – ausgenommen beim Ertappen auf frischer Tat – nur mit Zustimmung des Nationalrats verhaftet werden. Ansonsten dürfen sie ohne Zustimmung des Nationalrats nur dann behördlich verfolgt werden, wenn die strafbare Handlung in keinem Zusammenhang mit der politischen Tätigkeit des Abgeordneten steht. Zudem können sie weder von der Polizei noch von den Gerichten festgehalten und bestraft werden (außerberufliche Immunität). Bundesräte genießen während der Dauer ihrer Funktion Immunität, wie sie für Mitglieder des jeweils entsendeten Landtags gilt.

Initiativantrag

Die Gesetzesvorschläge von Abgeordneten heißen »Initiativanträge«.

Inkompatibilität

«Inkompatibel« heißt »unvereinbar«. Bevor jemand Parlamentarierin wird, übt sie normalerweise einen Beruf aus und kann dies normalerweise auch weiter tun. Nicht jedoch, wenn dieser Beruf nicht mit der Funktion eines Parlamentariers vereinbar ist. So können z.B. Parlamentarierinnen nicht gleichzeitig dem Europäischen Parlament und dem Nationalrat bzw. Bundesrat angehören.

Integration

Wenn eine vom System ausgeschlossene Person oder Gruppe in die Gemeinschaft aufgenommen wird, spricht man von Integration. Das Wort wird oft in Zusammenhang mit Migration verwendet, wo es die *Eingliederung* der Migranten in die Gesellschaft bedeutet.

Interessenvertretungen

In verschiedenen Angelegenheiten tun Menschen sich zusammen, um die gemeinsamen Ziele (Interessen) einer bestimmten Gruppe von Menschen zu vertreten und durchzusetzen. Als Organisation haben sie bessere Chancen, diese Interessen durchzusetzen. Es gibt gesetzliche (z.B. die Arbeiterkammer - AK) und freie (z.B. Österreichischer Gewerkschaftsbund - ÖGB) Interessensvertretungen.

Interpellationsrecht

Das Fragerecht ist das Kontrollrecht des Nationalrats und des Bundesrats gegenüber der Bundesregierung. Hierzu zählen die «klassische Interpellation« in Form von schriftlichen Anfragen an die Bundesregierung sowie die Fragestunde zu Beginn jeder Nationalrats- und Bundesratssitzung.

Judikative oder Justiz

Kommt aus dem Lateinischen von »iusti» und bedeutet Gerechtigkeit. Gemeint ist die richterliche Gewalt im Staat, organisiert durch die Gerichte. Nach der Lehre der Gewaltentrennung wird sie abgegrenzt von der Legislative und der Exekutive.

Kabinett

Das Wort kommt aus dem Französischen und heißt eigentlich »kleines Zimmer«. In der Politik bezeichnet man so den Kreis der Personen, die die Bundesregierung bilden, also die Bundeskanzlerin sowie die Bundesminister. Der Begriff kommt vermutlich daher, dass sich früher die Berater des Königs in einem kleinen Zimmer versammelt haben.

Kammer

Von Kammern spricht man einerseits im Parlament, wo Bundesrat und Nationalrat gemeint sind. Andererseits sind z.B. auch Arbeitnehmerinnen und Wirtschaftstreibende in Kammern organisiert (Arbeiterkammer, Wirtschaftskammer, Landwirtschaftskammer).

Kandidaten

Die Personen, die sich um ein politisches Amt bewerben, z. B. um das einer Abgeordneten. Das Wort kommt aus der Zeit der Römer, als solche Personen einen weißen Umhang trugen, eine so genannte Toga. »Weiß« heißt im Lateinischen »candidus« und wer diese Farbe trug, hieß »candidatus«.

Kapitalismus

Die in den meisten Industriestaaten herrschende Wirtschafts- und Gesellschaftsordnung, in der Kapital (Vermögen) in der Hand privater Unternehmerinnen ist. In der Vergangenheit hat das mitunter auch dazu geführt, dass Arbeitnehmer ausgebeutet wurden. Inzwischen sind die Arbeiterinnen aber gesetzlich dagegen geschützt (z.B. Urlaubsanspruch, Krankengeld, Kündigungsschutz).

Klub

Mindestens fünf Abgeordnete derselben Partei können sich zu einem Parlamentsklub zusammenschließen. Abgeordnete, die nicht derselben Partei angehören, benötigen für die Klubgründung die Zustimmung des Nationalrates. Die Klubstärke von fünf Mandataren ist für die Nutzung vieler parlamentarischer Rechte eine Voraussetzung, z.B. für die Mitgliedschaft in den Ausschüssen. Die Klubmitglieder wählen eine Klubobfrau, die sie vertritt.

Die Mitglieder eines parlamentarischen Klubs sind natürlich nicht immer derselben Meinung. Darüber hinaus wissen auch nicht alle gleich viel zu einem bestimmten Thema, über das abgestimmt wird. Im Klub informiert man sich gegenseitig über die Ergebnisse, die in den Ausschüssen besprochen wurden, damit bei der Abstimmung alle wissen, worum es geht. Unter »Klubzwang« versteht man, dass sich die Abgeordneten an die Klublinie halten müssen. Wenn sie dagegen verstoßen, können sie aus dem Klub ausgeschlossen werden. Deshalb stimmen manchmal Abgeordnete auch gegen ihre persönliche Überzeugung ab.

Koalition

Der Begriff stammt aus dem Lateinischen und bedeutet »zusammenwachsen«. Wenn zwei oder mehrere Parteien sich zusammenschließen, um gemeinsam zu regieren, heißt das Koalitionsregierung. Diese wird meistens gebildet, wenn keine Partei bei den Wahlen die Mehrheit der Stimmen erlangt hat. Sonst müsste eine Minderheitsregierung für jedes Gesetz um die Stimmenmehrheit werben.

Kommission

Eine Gruppe von Personen, die ganz bestimmte Aufgaben zu erfüllen hat. Die Mitglieder kommen meistens aus verschiedenen Fachrichtungen, Organisationen und politischen Richtungen und haben verschiedene Qualifikationen. Dadurch kann die Aufgabe aus unterschiedlichen Gesichtspunkten bearbeitet werden.

Kommunismus

Der Begriff Kommunismus bezeichnet eine Gesellschaftsform mit der Vorstellung, dass es kein privates Eigentum gibt und keine sozialen Klassen. Alles gehört der ganzen Gemeinschaft und alle haben die gleiche soziale und wirtschaftliche Stellung.
In der Praxis hat sich in den kommunistischen Staaten aber jeweils eine Führungsschicht herausgebildet, die dann in diesen Ländern Gewaltherrschaften einrichtete. Die Länder Mittel- und Osteuropas haben sich in den 1980er und 1990er Jahren endgültig vom Kommunismus befreit. Heute gibt es den Kommunismus als Gesellschaftsform nur noch in wenigen Ländern (z.B. Kuba, Nordkorea, China und Vietnam), Kommunistische Parteien gibt es aber nach wie vor in vielen Ländern (auch in Österreich – KPÖ).

Kompetenz

Wenn jemand etwas besonders gut kann, so spricht man davon, dass er oder sie kompetent ist. Im Zusammenhang mit Gesetzgebung und Verwaltung bedeutet Kompetenz auch so viel wie »Zuständigkeit« oder »Befugnis«.

Kompromiss

Er kommt zustande, wenn jede Person oder Gruppe ein wenig nachgibt, damit man eine gemeinsame Lösung findet.

Konsens

Wenn es zu einer bestimmten Sache unterschiedliche Meinungen gibt und sich mehrere Personen auf etwas einigen müssen, sucht man nach einem Konsens (einer gemeinsamen Meinung), um weiterarbeiten zu können.

Konstituierende Sitzung

Die Sitzung, in der ein Organ oder eine Versammlung das erste Mal zusammentritt.

Konvent

Bezeichnung für Versammlungen, die Fragen zu Verfassungs- oder Staatsreformen zum Inhalt haben. Der Österreich-Konvent (Juni 2003 bis Januar 2005) hatte das Ziel, die Verfassung in einen überschaubaren und verständlichen Text zu setzen.

Konvention

Eine Konvention kommt dann zustande, wenn mehrere Beteiligte (Einzelpersonen, Gruppen oder Länder) einen Kompromiss erarbeiten bzw. einen Konsens erzielen und diesen dann gemeinsam einhalten wollen. Oft spricht man auch von einem Übereinkommen. (z.B. die Kinderrechtskonvention der UNO).

Konzentrationsregierung

Wenn alle im Nationalrat vertretenen Parteien gemeinsam eine Regierung bilden.

Kundmachung

Die Veröffentlichung von Gesetzen, Verordnungen und Staatsverträgen ist die letzte Voraussetzung für das In-Kraft-Treten. Bundesgesetze werden im Bundesgesetzblatt veröffentlicht, Landesgesetze im Landesgesetzblatt, und sind damit gültig.

Lager

Als »Lager» werden die großen politischen Strömungen bezeichnet, die das politische System in Österreich seit der ersten Republik prägen. Dazu zählen das sozialdemokratische, das christlich-soziale und das nationale Lager.

Landesgesetz

Ein Gesetz, das vom Landtag für das jeweilige Bundesland erlassen wird und nur in diesem Bundesland gilt.

Landesregierung

In jedem Bundesland gibt es eine Landesregierung. Sie besteht aus dem Landeshauptmann (Vorsitz der Landesregierung) und den Landesrätinnen. Die Landesregierung ist das oberste Organ der Verwaltung im jeweiligen Bundesland. Zur Durchführung ihrer Aufgaben hat sie eine eigene Behörde in der jeweiligen Landeshauptstadt (=Amt der Landesregierung).

Landtag

Er ist das Gesetzgebungsorgan der Bundesländer. Sie können, so wie das Parlament, Gesetze beschließen, die allerdings nur im jeweiligen Bundesland gelten. Außerdem ist die Zuständigkeit der Landtage auf bestimmte Bereiche beschränkt, wie z.B. den Tier- und Naturschutz, das Bauwesen, der Jugendschutz, die Jagd und die Fischerei. Der Landtag wählt die Mitglieder der Landesregierung, kontrolliert die Verwaltung im Bundesland und wählt die Bundesräte in den Bundesrat. Der Sitz des Landtags ist in der jeweiligen Landeshauptstadt. Bei der Landtagswahl wählt die wahlberechtigte Bevölkerung eines Bundeslandes ihr »Landesparlament«.

Legalitätsprinzip

Der Begriff bezieht sich auf das lateinische Wort »lex«, das »Gesetz« bedeutet. Das Legalitätsprinzip besagt, dass die gesamte staatliche Vollziehung nur aufgrund der Gesetze erfolgen darf. Damit wird es für Bürgerinnen möglich, staatliches Handeln vorherzusehen, wodurch Rechtssicherheit entstehen soll.

Legislative

Die gesetzgebende Kraft im Staat, also das Parlament, das aus Nationalrat und Bundesrat besteht. Die Legislative wird von der Exekutive und der Judikative unterschieden.

Legislaturperiode

Der Zeitraum, in dem der gewählte Nationalrat aktiv ist. Diese Periode, die auch Gesetzgebungsperiode genannt wird, dauert grundsätzlich fünf Jahre.

Liberalismus

Der Begriff stammt vom lateinischen Wort »liber«, das »frei« bedeutet. Anhänger dieser Denkweise möchten, dass sich jeder Mensch frei entfalten kann (sowohl in

Bildung als auch in Politik und Wirtschaft) und sich der Staat möglichst wenig in das Privatleben von Personen einmischt.

Liste Pilz

Eine der im Nationalrat vertretenen Parteien. Sie wurde 2017 von Peter Pilz, einem ehemaligen Abgeordneten der Grünen, gegründet und ist seit der Wahl im Oktober 2017 im Nationalrat vertreten.

Lobbying

Dieser Begriff geht auf die Lobby (das ist eine Vorhalle oder Wartehalle) des Parlaments in England und den USA zurück, in der die Vertreterinnen verschiedener Gruppen versuchten, Einfluss auf die Abgeordneten auszuüben. Man meint damit allgemein den Versuch, jemanden politisch zu beeinflussen, (z.B. durch persönliche Gespräche, E-Mails, Kontakte zu Medien), indem man Politiker auf gewisse Themen aufmerksam macht, damit diese Themen im eigenen Sinne umgesetzt werden.

Lokal

Die Räume im Parlament, in denen die Ausschussberatungen stattfinden.

Mandat

Das Wort »Mandat« kommt aus dem Lateinischen und bedeutet »Auftrag«. Die Abgeordneten (Mandatare) erhalten z. B. von den Wählerinnen das Mandat, sie zu vertreten.

Medien

Der Begriff stammt vom lateinischen Wort »medium« und bedeutet »Vermittler«. Gemeint sind damit Mittel, die Nachrichten und Informationen transportieren, wie Zeitungen, Radio und Fernsehen, Filme und Fotos. Das Internet wird als so genanntes **neues Medium** bezeichnet, da es neben Text, Bild, Ton, Film auch die Möglichkeit bietet, interaktiv zu sein. walten (Legislative, Exekutive und Judikative; Gewaltenteilung).

Mehrheit

Bei einer Wahl ist eine bestimmte Anzahl von Stimmen nötig, z.B. muss eine Kandidatin bei der Bundespräsidentenwahl mehr als die Hälfte der Stimmen erhalten (absolute Mehrheit). Bei der Abstimmung über ein Verfassungsgesetz sind zwei Drittel der Stimmen nötig, vorausgesetzt, dass mindestens die Hälfte der Abgeordneten im Plenarsaal anwesend ist. Die einfache Mehrheit sind immer 50 Prozent plus eine Stimme.

Menschenrechte

Das sind Rechte, die für alle Menschen dieser Erde gelten, ganz gleich wo ein Mensch herkommt, welche Religion, welchen Beruf, welches Alter oder welches Geschlecht er oder sie hat. Die Menschenrechte wurden von den Vereinten Nationen im Jahr 1948 in der Allgemeinen Erklärung der Menschenrechte aufgeschrieben und viele Staaten haben sie in ihre Grundrechte bzw. in die Verfassung aufgenommen. Außerdem bildet sie die Basis für viele internationale Verträge, die diese Menschenrechte für die Staaten verbindlich machen und teilweise die Menschenrechte noch weiterentwickelt haben.
Bei den Menschenrechten handelt es sich um ganz grundlegende Rechte, wie etwa das Recht auf Leben und auf Freiheit. Jeder Mensch soll glauben können, was er oder sie will und deshalb keinen Nachteil erfahren. Eines der wichtigsten Menschenrechte ist, dass jeder Mensch, der vor Gericht steht, das Recht auf einen fairen Prozess hat und auch, dass er oder sie solange als unschuldig gilt, bis seine oder ihre Schuld wirklich bewiesen ist. Das sind nur einige der Menschenrechte.
Die Menschenrechte werden aber leider nicht in allen Staaten dieser Erde beachtet, auch wenn sie durch Verträge dazu verpflichtet sind.

Minderheit

Minderheiten sind Gruppen von Menschen, die bestimmte Eigenschaften oder Positionen teilen (zum Beispiel eine bestimmte Religion, eine Herkunft oder eine bestimmte politische Meinung) und zahlenmäßig weniger sind als andere. Meist verwendet man den Begriff für eine Gruppe, die aus unterschiedlichen Gründen benachteiligt wird. Minderheiten, die durch das Gesetz anerkannt werden, erhalten besondere Rechte.

Minderheitsregierung

Auch eine Partei, die bei der Wahl nicht die Mehrheit der Stimmen erlangt hat, kann eine Regierung bilden. Bei Abstimmungen ist sie jedoch immer von der Unterstützung der Opposition abhängig.

Minister

In der Regierung sind die Aufgaben aufgeteilt. Die Bundesministerinnen sind Mitglieder der Bundesregierung und jeweils für einen bestimmten Bereich (Ressort) zuständig, wie z.B. Finanzen oder Wirtschaft. Bei Beratungen versammeln sich alle Regierungsmitglieder im Ministerrat.

Ministerium

Die Bundesministerien sind oberste Verwaltungsbehörden, die jeweils einem Minister unterstehen. Sie müssen ihre Aufgaben gemeinsam mit den untergeordneten Ämtern und Behörden zweckmäßig, wirtschaftlich und sparsam erfüllen. Die Anzahl, die Aufgabenbereiche, und die Bezeichnungen der Bundesministerien verändern sich immer wieder.

Misstrauensvotum

Votum bedeutet »Urteil«. Der Nationalrat kann der Bundesregierung oder einzelnen Ministerinnen das Vertrauen entziehen, wenn die Mehrheit der Abgeordneten sich dafür ausspricht. Der Bundespräsident muss die betreffenden Personen dann in einem Votum ihres Amtes entheben. Das Misstrauensvotum gehört zu den Kontrollrechten des Nationalrats gegenüber der Regierung.

Monarchie

Der Begriff kommt aus dem Griechischen und bedeutet »Alleinherrschaft«. Eine Monarchie ist eine Staatsform, in der z.B. ein Kaiser oder eine Königin an der Spitze steht. Das bedeutet, nicht die Staatsbürger oder ihre gewählten Vertreterinnen (wie in der Republik), sondern eine Person, die diese Funktion meistens ererbt hat, ist auf Dauer das Staatsoberhaupt. Je nachdem, wie umfassend die Macht des Monarchen ist, kann man unterscheiden zwischen absoluter, konstitutioneller oder parlamentarischer Monarchie.

Nachhaltigkeit

Der Begriff wird besonders in Zusammenhang mit der Umwelt und hier mit Rohstoffen und Bodenschätzen wie z.B. Holz, Wasser und Erdöl benutzt. Man versteht darunter, dass bei der Nutzung der vorhandenen Rohstoffe auf nachfolgende Generationen Rücksicht genommen wird. Ein nachhaltiger Umgang mit diesen natürlichen Quellen bedeutet, nicht mehr zu ernten, als nachwachsen kann und die Natur so zu schützen, dass sie für unsere Nachkommen erhalten bleibt.

Nationalrat

Das Parlament besteht aus zwei Kammern, dem Nationalrat und dem Bundesrat. Dem Nationalrat gehören 183 Abgeordnete an. Die wahlberechtigten österreichischen Staatsbürgerinnen wählen den Nationalrat, indem sie den Politikern einer bestimmten Partei für die nächste Gesetzgebungsperiode ihre Stimme geben.
Zu den Aufgaben des Nationalrats gehören die Gesetzgebung des Bundes, die er gemeinsam mit dem Bundesrat ausübt, und die Kontrolle der Regierung.
Die Plenarsitzungen sind normalerweise öffentlich. Die Geschäfte des Nationalrats werden vom Nationalratspräsidenten geleitet, der vom Nationalrat gewählt wird.

Nationalsozialismus

Eine politische Bewegung, die in Deutschland nach dem Ersten Weltkrieg entstanden ist und später auch in Österreich herrschte. 1933 errichtete der Nationalsozialismus in Deutschland eine Diktatur, in der es nur eine Partei, die Nationalsozialistische Deutsche Arbeiterpartei (NSDAP) gab. Ihr «**Führer**« war Adolf Hitler (geboren am 20. April 1889 in Braunau am Inn/Österreich, gestorben am 30. April 1945 in Berlin/Deutschland). Der Nationalsozialismus griff 1938 auch auf Österreich über. 1945 endete die Herrschaft des Nationalsozialismus durch die Befreiung der Alliierten Mächte (England, Frankreich, UdSSR und die USA). Der Nationalsozialismus zeichnet sich vor allem durch seine antisemitische (antijüdische) und minderheitenfeindliche Ideologie aus. Unter Hitlers Herrschaft wurden Juden, politisch Andersdenkende, Homosexuelle, Roma und Sinti sowie Menschen mit Behinderung verfolgt; insgesamt wurden etwa sechs Millionen jüdische Menschen ermordet, viele davon wurden in so genannten «**Konzentrationslagern**« vergast. Diese systematische Massenermordung wird als «**Holocaust**« oder «**Shoa**« bezeichnet.

NATO

Der Nordatlantikpakt (North Atlantic Treaty Organisation = NATO) ist ein Militärbündnis, von derzeit 28 europäischen und nordamerikanischen Staaten. Es wurde von den USA, Kanada und mehreren europäischen Staaten nach dem 2. Weltkrieg im Jahr 1949 gegründet und hat seit 1967 seinen Sitz in Brüssel. Es war vor allem gegen das kommunistische Streben um die Weltmacht gerichtet und sollte der Abwehr eines Angriffs auf das Staatsgebiet der Verbündeten dienen. Das militärische Gegenstück der kommunistischen Staaten war der Warschauer Pakt, der 1991 zerbrach. Seit dessen Ende setzt sich die NATO für Frieden und Freiheit ein.

NEOS

Eine der im Nationalrat vertretenen Parteien. Sie wurde 2012 gegründet und ist bei den Wahlen 2013 mit 5 Prozent der Stimmen erstmals ins Parlament eingezogen. Dort ist sie auch nach der darauffolgenden Wahl 2017 vertreten.

Neutralität

Mit «neutral« bezeichnet man im politischen Sinn einen Staat, der sich z. B. im Falle eines Krieges zwischen anderen Staaten unparteiisch verhält und keinen militärischen Bündnissen (wie z.B. der NATO) beitritt. Österreich hat sich nach dem Zweiten Weltkrieg und der Besatzungszeit 1955 zur immerwährenden Neutralität verpflichtet. Anders als die ebenfalls neutrale Schweiz pflegt Österreich eine aktive Neutralitätspolitik, so wurde Österreich z.B. schon 1955 UNO-Mitglied. In Zusammenhang mit dem Beitritt Österreichs zur EU und den Beschlüssen zum Schaffen eines europäischen Sicherheitssystems wird die Bedeutung der Neutralität in Österreich wieder vermehrt diskutiert.

Nicht-Regierungsorganisation (NRO/NGO)

Zu Nicht-Regierungsorganisationen oder NGOs (aus dem Englischen für «Non-Governmental Organization«) schließen sich Menschen zusammen, die bestimmte Dinge in der Politik oder in der Gesellschaft verändern möchten und dies unabhängig vom Staat tun möchten. Bekannte internationale NGOs sind z.B. Amnesty International oder Greenpeace.

Novelle
Eine Änderung eines Gesetzes oder einer Rechtsvorschrift. Das kann eine Kürzung, Aktualisierung oder Ergänzung sein.

Opposition
Der Begriff kommt aus dem Lateinischen und bedeutet «Widerstand«, «Widerspruch« und «Gegnerschaft«. In der Opposition ist man, wenn man gegen eine bestimmte Mehrheit ist. Im Parlament bezeichnet man die Fraktionen, die nicht die Regierung bilden, als Opposition. Die Opposition hat die Aufgabe, die Regierung zu kontrollieren und andere politische Wege aufzuzeigen.

Organ
Eine Person oder Gruppe, die dazu bestellt worden ist, nach genauen Vorschriften und Gesetzen öffentliche Macht auszuüben, also für den Bund, ein Land oder eine Gemeinde zu handeln.

ÖVP
Die Österreichische Volkspartei ist eine christdemokratische Partei. Sie ist 1945 als Nachfolgerin der 1888 gegründeten christlich-sozialen Partei entstanden und tritt für die Erhaltung von traditionellen Werten, wie Freiheit, Verantwortung, Gerechtigkeit und Partnerschaft ein.

Parlament
Das Wort «Parlament« stammt vom französischen Verb «parler« ab, das «sprechen« heißt. Das Wort Parlament bezeichnet eigentlich nur das Gebäude, in dem sich die gewählten Volksvertreterinnen (Abgeordnete zum Nationalrat und Mitglieder des Bundesrats) versammeln. Nationalrat und Bundesrat werden auch als Legislative bezeichnet, weil sie für das Beraten und Beschließen von Gesetzen zuständig sind. Umgangssprachlich steht die Bezeichnung «Parlament« aber für diese beiden gesetzgebenden Kammern.

Parteien
Sie vereinen Personen, die gleiche Vorstellungen über die politische Ordnung im

Staat und das Funktionieren von Staat, Wirtschaft und Gesellschaft haben. Parteien streben an, im Parlament zu sein und an der Regierung mitzuarbeiten. Zu diesem Zweck erstellen sie ein Parteiprogramm zu verschiedenen Lebensbereichen (z.B. Bildung, Recht, Gesundheit) und stellen Kandidaten auf, mit denen sie bei den Wahlen antreten. Die derzeit im Parlament vertretenen Parteien sind ÖVP, SPÖ, FPÖ, NEOS und Liste Pilz.

Petition

Mit einer Petition haben Bürgerinnen die Möglichkeit, an der politischen Gestaltung mitzuwirken. Petitionen sind im Gegensatz zu Volksbegehren nicht an eine Mindestanzahl von Unterstützungen geknüpft. Nur ein Mitglied des Nationalrats oder des Bundesrats kann der jeweiligen Kammer eine Petition unterbreiten. Im Nationalrat wird diese von einem speziellen Ausschuss für Petitionen und Bürgerinitiativen behandelt. Im Bundesrat wird sie dem zuständigen Fachausschuss zugewiesen.

PISA-Studie

Die PISA-Studie (**Programme for International Student Assessment**) ist eine internationale Umfrage, die alle drei Jahre stattfindet. Dabei werden die Leistungen von 15-jährigen Schülerinnen gemessen und verglichen. 2015 nahmen über 72 Länder an dieser Studie teil.

Plenarsitzung/Plenum

Die Vollversammlung der Abgeordneten oder jene der Mitglieder des Bundesrats heißt Plenarsitzung oder kurz Plenum. Plenarsitzungen finden monatlich an zwei oder drei Tagen im Plenarsaal des Nationalrats und an einem Tag im Plenarsaal des Bundesrats statt. In den Plenarsitzungen werden Gesetze zur Abstimmung gebracht, die Regierung wird kontrolliert und die Öffentlichkeit erfährt im Fernsehen die verschiedenen Meinungen der Parteien zu den Gesetzen.

Bei einer Plenarsitzung ist es nicht mehr das Ziel, Gesetze genau zu besprechen. Das ist bereits vorher in den Ausschüssen passiert, wo der Großteil der inhaltlichen Arbeit verrichtet wird. So werden hier nur auf der Grundlage von Berichten und Empfehlungen der jeweiligen Ausschüsse die Beschlüsse gefällt. Eingeleitet werden Plenarsitzungen oft mit einer Aktuellen Stunde oder einer Fragestunde, womit die

Mitglieder des Nationalrats bzw. des Bundesrats die Möglichkeit haben, ganz aktuelle Themen zur Sprache zu bringen.

Pluralismus

Der Begriff kommt aus dem Lateinischen und ist mit dem Wort «Plural« verwandt, das «Mehrzahl« bedeutet. Pluralismus bedeutet, dass eine Vielzahl von Meinungen, Zielen und Interessen bestehen kann. Ein Staat ist pluralistisch, wenn sich Menschen in verschiedenen Gruppen, Parteien, Verbänden und Vereinen zusammenschließen können und Unterschiede anerkannt und nicht unterdrückt werden.

Podiumsdiskussion

Eine Diskussion, die zwischen eingeladenen Gästen vor - und oft auch mit - einem Publikum geführt wird. Solche Diskussionen werden üblicherweise von einer Person geleitet, die sich mit den diskutierenden Personen auf einer Bühne befindet, dem so genannten Podium.

Politik

Der Begriff leitet sich vom griechischen Wort «polis« ab, mit dem die selbst verwalteten Stadtstaaten im alten Griechenland bezeichnet wurden. Mit Politik ist all das gemeint, was das Zusammenleben der Bürger regelt: von den Entscheidungen der Bürgermeisterin in der Gemeinde bis zur Erlassung von Gesetzen. Ausgehend von dem Bereich, für den diese Entscheidungen gefällt werden, spricht man z.B. von Umweltpolitik, Schulpolitik, Jugendpolitik oder Gesundheitspolitik. Politik ist nicht nur Gestaltung des Staates, sondern auch die Organisation von Kundgebungen, der Kampf für Minderheitenrechte und Umweltaktivismus.

Politiker

Menschen, die im Interesse der Bürgerinnen eines Staates Entscheidungen treffen müssen. Das ist nicht einfach und eine große Verantwortung. Alle österreichischen Staatsbürger über 18 Jahre können sich selbst wählen lassen und Politikerinnen werden. Um Bundespräsident zu werden, muss man jedoch mindestens 35 Jahre alt sein.

Politische Willensbildung

Wenn Wählerinnen bei der Wahl ihre Stimme abgeben, dann tun sie das aufgrund des Wissens, das sie über eine bestimmte Partei oder bestimmte Kandidaten und deren bisherige Arbeit und Ziele haben. Sie haben sich also ihre Meinung gebildet und sich danach für eine bestimmte Partei entschieden.

Präsidialkonferenz

Sie besteht aus den drei Präsidentinnen des Nationalrats und den Obleuten bzw. Vorsitzenden der parlamentarischen Klubs. Im Bundesrat sind der Präsident, die beiden Vizepräsidentinnen und die Vorsitzenden der Bundesratsfraktionen Mitglieder der Präsidialkonferenz. Auf dieser Konferenz wird über die parlamentarische Arbeit im Nationalrat bzw. im Bundesrat beraten, über die Erstellung der Arbeitspläne, der Festlegung der Tagesordnung und Sitzungstermine sowie der Koordination der Ausschüsse. Darüber hinaus erfüllt die Präsidialkonferenz die wichtige Aufgabe des Schlichtens, insbesondere wenn es im Rahmen der Verhandlungen zu Meinungsverschiedenheiten kommt.

Pressefreiheit

Eines der Grundrechte in Österreich und wichtiger Bestandteil einer Demokratie. Die Pressefreiheit garantiert die freie Berichterstattung von Rundfunk, Fernsehen und Presse, damit diese über das öffentliche Geschehen berichten können. Sie garantiert einerseits, dass alle Bürger ihre Meinung frei veröffentlichen können und andererseits, dass alle sich informieren können. Journalistinnen können trotzdem nicht einfach schreiben, was sie wollen; sie dürfen z.B. durch das, was sie schreiben, niemanden beleidigen oder beschädigen.

Pressekonferenz

Eine Versammlung von Vertreter verschiedener Medien (Fernsehen, Zeitungen), die eingeladen werden, um bestimmte Informationen an die Öffentlichkeit zu verbreiten. Abgeordnete, Regierungsmitglieder oder die jeweiligen Pressesprecherinnen beantworten die Fragen der Journalisten. Hingegen werden bei einer Presseaussendung Informationen kurz und prägnant formuliert und über Nachrichtenagenturen an Medien bzw. bestimmte Redakteurinnen geschickt, um sie an die Öffentlichkeit zu bringen.

Propaganda

Die Verbreitung bestimmter Ideen oder Informationen in einer Weise, die ihre Empfänger von etwas überzeugen soll. Massenmedien nehmen dabei eine besonders wichtige Rolle ein. Propaganda ist ein typisches Merkmal autoritärer Staaten, das die jeweiligen Herrscherinnen einsetzen, um das Volk zu beeinflussen.

Quereinsteiger

Eine Person, die in einem bestimmten Beruf Erfahrungen hat und in einen ganz anderen Beruf wechselt.

Rassismus

Die Überzeugung, dass Menschen aufgrund bestimmter (genetisch bedingter) Merkmale, wie z.B. ihrer Hautfarbe, verschiedenen «Rassen« zugeteilt werden können. Rassistische Menschen glauben, dass Rassen zu unterschiedlichen Leistungen fähig und daher nicht gleich viel wert sind. Meistens tun sie das, um sich selbst aufzuwerten und andere Menschen abzuwerten. Rassismus ist sehr gefährlich, weil er oft zu Gewalt zwischen Menschen führt, die noch dazu auf völlig falschen Ideen beruht.

Rat der Europäischen Union

Er wird auch als «Ministerrat« bezeichnet, weil seine Mitglieder die Ministerinnen der Mitgliedstaaten sind. Dabei treffen sich jeweils die Minister mit den gleichen Fachgebieten, also tritt je nachdem z. B. der Rat der Außen-, Landwirtschafts- oder Wirtschaftsministerinnen zusammen. Der Rat der Europäischen Union erfüllt – gemeinsam mit dem Europäischen Parlament – die Funktion der Gesetzgebung für die EU, wobei die Gesetze hier «Verordnungen« oder «Richtlinien« heißen.

Rechnungshof

Ein Hilfsorgan des Nationalrates, das die gesamte Staatswirtschaft des Bundes sowie zahlreiche öffentliche Unternehmen und Körperschaften kontrolliert. Dabei kommt es nicht nur auf die ziffernmäßige Richtigkeit, sondern auch auf die Einhaltung der Rechtmäßigkeit, der Sparsamkeit, Wirtschaftlichkeit und Zweckmäßigkeit an, zu der die gesamte öffentliche Verwaltung verpflichtet ist. Der Präsident des Rechnungshofes wird vom Nationalrat für eine Dauer von zwölf Jahren bestellt (Funktionsperiode).

Rechtsordnung

Die Gesamtheit aller in einem Staat geltenden Gesetze und Vorschriften.

Regierungserklärung

Zu Beginn ihrer Tätigkeit legt die Regierung dem Nationalrat ihr Programm vor, das heißt, eine Zusammenfassung all ihrer politischen Pläne. Das geschieht durch eine Rede der Bundeskanzlerin vor dem National- und Bundesrat.

Regierungsprogramm

Es enthält alle Vorhaben, die die Regierung während ihrer Funktionsperiode erfüllen will. Ausarbeitung und Durchführung zählen zu den Aufgaben der Bundesregierung.

Regierungsvorlage

Die meisten Gesetzesanträge kommen dadurch zustande, dass die Bundesregierung im Nationalrat eine Regierungsvorlage einbringt. Ein solcher Gesetzesantrag muss vom Ministerrat, also von allen Regierungsmitgliedern, einstimmig beschlossen werden. Einzelne Minister können keinen Gesetzesantrag einbringen.

Republik

Der Begriff kommt aus dem Lateinischen: «res publica – die öffentliche Sache«. Dies bezieht sich auf das allgemeine Interesse, das über dem Interesse der Einzelnen steht. Damit wird die Republik von der Monarchie abgegrenzt, an deren Spitze ein Monarch steht. An der Spitze der Republik steht ein gewähltes Staatsoberhaupt, meist eine Präsidentin. Die Amtsdauer von Präsident und auch Nationalrat ist in der Verfassung festgelegt. Je nach der Macht der Präsidentin unterscheidet man zwischen einer Präsidentschaftsrepublik, wo der Präsident starken Einfluss hat (z.B. in den USA), oder einer parlamentarischen Republik, in der er nur ein repräsentatives Staatsoberhaupt ist (z.B. in Österreich).

Resolution

Das Wort bedeutet «Beschluss«. Aufgrund des Resolutionsrechts kann z.B. der Nationalrat Wünsche oder Empfehlungen (Entschließungen) an die Bundesregierung richten, die sich auf die Vollziehung beziehen. Diese Resolutionen können die Bundesregierung zwar nicht rechtlich verpflichten, aber sie haben politische Bedeutung.

Ressort

Ein Aufgaben- oder Amtsbereich, der irgendwo dazugehört. In der Politik bezeichnet man damit das Sachgebiet, das eine Ministerin verwaltet. Die Anzahl der Ressorts sowie der jeweilige Inhalt verändern sich zum Teil, wenn eine neue Regierung ernannt wird. Die wichtigsten Ressorts bleiben aber immer gleich: Arbeit und Soziales, Außenpolitik, Finanzen, Inneres, Justiz, Kultur, Land- und Forstwirtschaft, Landesverteidigung, Unterricht, Wissenschaft, Wirtschaft.

Revolution

Das Wort ist vom gleichlautenden französischen Wort abgeleitet und bedeutet «Umwälzung«. Damit ist der – oft gewaltsame – Versuch von Menschen gemeint, sich gegen ein unterdrückerisches System zu wehren. Das Ziel der Revolution ist das Umwerfen der bestehenden politischen Ordnung. So wurde z.B. in der Französischen Revolution von 1789 der König gestürzt und in der Folge die Demokratie eingeleitet.

Sanktionen

Maßnahmen der Bestrafung eines Landes durch einen Staat oder einen Staatenbund, um die Politik des Landes zu beeinflussen.

Schulpflicht

Das Gesetz besagt, dass jedes Kind ab sechs Jahren in die Schule gehen muss, damit alle Kinder – unabhängig vom sozialen Status oder der Herkunft – eine Ausbildung bekommen. Sie wurde 1774 von Kaiserin Maria Theresia eingeführt.

Sektion

Sektionen sind Abteilungen, in welche Bundesministerien unterteilt sind.

Session

Das Wort bezeichnet eine sich über eine längere Zeit hinziehende Sitzungsperiode, beispielsweise ist die Geschäftstätigkeit des Verfassungsgerichtshofs in Sessionen unterteilt.

Sondersitzung

Im Nationalrat: Außerplanmäßige, meist auf Verlangen von 20 Abgeordneten einer Fraktion einberufene Plenarsitzung des Nationalrats. Sondersitzungen des Nationalrats sind innerhalb von acht Werktagen einzuberufen.
Im Bundesrat: Außerplanmäßig einberufene Plenarsitzung des Bundesrats, meist auf Verlangen von einem Viertel der Mitglieder des Bundesrats, aber auch auf Verlangen der Bundesregierung. Sondersitzungen des Bundesrats sind innerhalb von fünf Werktagen einzuberufen.

Sondierungsgespräche

Wenn keine der Parteien bei der Wahl die Mehrheit der Stimmen erlangt hat, geht es darum, eine Koalition zu bilden. Dazu sind viele Gespräche notwendig, um herauszufinden, ob man miteinander arbeiten kann. Man nennt sie Sondierungsgespräche.

Sonntagsfrage

Eine regelmäßige Frage in Meinungsumfragen lautet: **Welche Partei würden Sie wählen, wenn am kommenden Sonntag Wahlen stattfinden würden?**
Anhand der Antworten dieser «Sonntagsfrage« soll herausgefunden werden, wie die Stimmung bei den Wählern ist, oder genauer: wie zufrieden oder unzufrieden sie mit der Regierungspolitik sind.

Souveränität

Das Wort kommt aus dem Französischen «souverain« und bedeutet so viel wie «unabhängig« oder «unumschränkt«. In der Politik bedeutet Souveränität die völlige Hoheitsgewalt. Ein souveräner Staat kann alle inneren und äußeren Angelegenheiten selbst entscheiden. Souveräne Staaten sind gleichberechtigte Partner.
Zwischen 1945 und 1955 war Österreich ein freier Staat, obwohl noch alliierte Truppen (aus Frankreich, Großbritannien, der UdSSR und den USA) hier stationiert waren und der Alliierte Rat die Entscheidungen der Regierung kontrollierte. Österreich war in diesen zehn Jahren nicht völlig souverän. Erst mit dem Staatsvertrag wurde 1955 die volle Souveränität erlangt.

Sozialpartnerschaft

Darunter versteht man die Zusammenarbeit der unterschiedlichen Interessenvertretungen in der Politik. Diese Zusammenarbeit ist gesetzlich nicht verankert, hat in Österreich aber eine lange Tradition. Zu den Sozialpartnerschaften zählen in Österreich die Wirtschaftskammern, die Landwirtschaftskammern, die Arbeiterkammern und die Gewerkschaft, die gleichberechtigt verhandeln, um z.B. Streiks zu verhindern.

Sozialstaat

Ein Sozialstaat sorgt dafür, dass die soziale Versorgung der Menschen gesichert ist, um soziale Gerechtigkeit herzustellen. Ziel ist es, insbesondere zwischen mehr und weniger Vermögenden, zwischen kranken und gesunden Menschen, Beschäftigten und Arbeitslosen sowie zwischen Familien und Personen ohne Betreuungspflichten auszugleichen. Das bedeutet, dass der Staat für Menschen in bestimmten sozialen Notlagen oder Risiken (Armut, Arbeitslosigkeit, Krankheit, Alter) so genannte Sozialleistungen bietet. Dazu zählen z.B. gesundheitliche Versorgung, die Familienbeihilfen, das Arbeitslosengeld, die Pensionen, etc.

SPÖ

Die **sozialdemokratische Partei** entstand als sozialistische Partei, die vor allem die Arbeiterinnen vertreten hat. Sie wurde auf dem Hainfelder Einigungsparteitag 1889 gegründet. Zu ihren wichtigsten Werten zählen soziale Sicherheit und Gerechtigkeit, Gleichheit und Demokratisierung.

Staat

Man bezeichnet damit eine Vereinigung von vielen Menschen (dem Staatsvolk), die in einem bestimmten Gebiet (dem Staatsgebiet) leben und von einer Staatsgewalt regiert werden. Wenn man einem bestimmten Staat angehört, dann ist man dort Staatsbürger. Ein Staat hat seine eigenen Regeln oder Gesetze und eigene Organe, die die Staatsgewalt ausüben. Zur Staatsgewalt gehören die Macht, Gesetze zu erlassen (Legislative), diese anzuwenden (Exekutive) und die Missachtung der Gesetze zu bestrafen (Judikative). Jeder Staat hat eine bestimmte Regierungsform, wie z.B. Republik oder Monarchie.

Staatenbund

Wenn sich mehrere Staaten zu gemeinsamen politischen Zwecken zusammenschließen, z.B. zu wirtschaftlichen Zwecken, oder um ihre militärischen Aktivitäten gemeinsam zu planen, spricht man von einem Staatenbund (z.B. die EU oder die NATO). Im Gegensatz zum Bundesstaat behalten die Mitglieder des Staatenbundes ihre Souveränität.

Staatsbürgerin

Österreichische Staatsbürger sind alle Menschen, die die österreichische Staatsbürgerschaft haben. Es ist also nicht jede, die in Österreich lebt auch automatisch Staatsbürgerin; auf der anderen Seite behält jemand, der die österreichische Staatsbürgerschaft hat, sie auch, wenn er in einem anderen Land lebt. Wann jemand wo eine Staatsbürgerschaft erhält, ist in jedem Staat genau geregelt.

Staatsbürgerschaft

Wer die österreichische Staatsbürgerschaft hat, hat bestimmte Rechte, die Menschen mit nicht-österreichischer Staatsbürgerschaft nicht haben, wie z.B. das Wahlrecht in Österreich. Die österreichische Staatsbürgerschaft haben zunächst alle Menschen von Geburt an, wenn ein Teil der verheirateten Eltern oder, bei unehelichen Kindern die Mutter, auch die österreichische Staatsbürgerschaft haben. Wenn nur der Vater österreichischer Staatsbürger ist und die Eltern nicht verheiratet sind, oder man die Staatsbürgerschaft später erwerben möchte, ist das möglich, man muss aber bestimmte Vorraussetzungen erfüllen.

Staatssekretärin

Sie unterstützen die einzelnen Mitglieder der Bundesregierung bei ihrer Arbeit und sind meist für einen bestimmten Arbeitsbereich zuständig, haben aber kein eigenes Ministerium.

Staatsvertrag

Ein Staatsvertrag ist ein Vertrag, bei dem mindestens einer der Vertragspartner ein staatliches Organ ist. Verträge, die zwischen Staaten abgeschlossen werden, sind Teil des Völkerrechts.

In Österreich meint man mit dem Begriff meist den **Staatsvertrag von Wien**

(**Staatsvertrag betreffend die Wiederherstellung eines unabhängigen und demokratischen Österreichs**). Er wurde zwischen den Alliierten Mächten UdSSR, Großbritannien, USA und Frankreich einerseits und Österreich andererseits im Schloss Belvedere am 15. Mai 1955 unterzeichnet und trat am 27. Juli 1955 in Kraft. Mit ihm erlangte Österreich seine Unabhängigkeit nach dem Zweiten Weltkrieg und der Zeit der Besatzung. Neben dem Bekenntnis zur Wahrung demokratischer Einrichtungen und zur immerwährenden Neutralität enthält er auch das Gebot, nazistische und faschistische Organisationen aufzulösen und die Wiederbetätigung zu unterbinden.

Stellungnahme

Das Festhalten einer persönlichen Meinung bzw. die Meinung einer Gruppe zu einem Thema. Wenn z.B. der Hauptausschuss in Angelegenheiten der EU ein bestimmtes Vorhaben berät, kann jedes Mitglied des Ausschusses Anträge auf Stellungnahmen einbringen. Am Ende der Diskussion wird über diese Anträge abgestimmt.

Stenographisches Protokoll

Über die öffentlichen Sitzungen des Nationalrats, des Bundesrats und über parlamentarische Enqueten des Nationalrats werden Stenographische Protokolle abgefasst. Um die Reden schriftlich zu notieren, müssen die Parlamentsstenographinnen die so genannte Kurzschrift (**Steno**) können, denn nur so ist es möglich, gleich schnell zu schreiben wie die Redner sprechen. Sie dokumentieren die Sitzung umfassend, es werden nicht nur die Debattenbeiträge, sondern beispielsweise auch Zwischenrufe, Beifallsbekundungen, Beginn und Ende einer Rede oder ein Vorsitzwechsel erfasst. Die Stenographischen Protokolle des Nationalrats sind im Internet abrufbar.

Steuern

Beiträge der Bürgerinnen, die der Staat verwendet, seine Aufgaben zu erfüllen, wie z.B. Schulen, Straßen, Krankenhäuser usw. zu bauen, aber auch um jene Menschen zu bezahlen, die für den Staat arbeiten, wie z.B. Lehrer. Steuern werden entweder als Teil des Einkommens bezahlt (direkte Steuern) oder indirekt, z.B. als Teil der Beiträge, die wir zahlen, wenn wir einkaufen (Mehrwertsteuer). Für was man Steuern zahlen muss, wird durch die Gesetze festgeschrieben. Wenn mehrere Steuern erhöht, gesenkt, eingeführt oder abgeschafft werden, spricht man von einer Steuerreform. Zweck einer solchen Reform ist es, so genannte Lenkungseffekte zu erzielen, das heißt, dass z.B. durch Steuersenkungen die Leute angeregt werden sollen, mehr einzukaufen. Das fördert die Wirtschaft und schafft neue Arbeitsplätze.

Tagung

Eine Sitzungsperiode, während der der Nationalrat Plenar- und Ausschusssitzungen abhält. Eine Gesetzgebungsperiode gliedert sich in mehrere Tagungen. Die ordentliche Tagung wird jedes Jahr von der Bundespräsidentin einberufen und dauert von Mitte September bis Mitte Juli des darauffolgenden Jahres. Innerhalb dieser Tagung beruft der Nationalratspräsident zu den Sitzungen ein. Wenn die Bundesregierung, ein Drittel der Abgeordneten zum Nationalrat oder der Bundesrat es verlangen, muss die Bundespräsidentin eine außerordentliche Tagung einberufen. Der Nationalrat kann zudem einzelne Ausschüsse beauftragen, ihre Arbeit auch während der tagungsfreien Zeit fortzusetzen. Der Bundesrat kennt keine Tagungen, denn er tagt permanent und kann also jederzeit Sitzungen abhalten.

TV-Duell

Im Wahlkampf kommt es regelmäßig zu Begegnungen von Spitzenkandidaten im Fernsehen, in denen sie einander knifflige Fragen stellen oder gegenseitig Vorwürfe machen, was die vergangene politische Arbeit betrifft. Eine dritte Person moderiert die Diskussion. Diese Gegenüberstellungen sollen den Zuschauerinnen helfen, sich zwischen den Kandidaten zu entscheiden.

U-Ausschuss

Ein Untersuchungsausschuss, kurz U-Ausschuss genannt, ist ein Verfahren bei dem das Parlament die Möglichkeit hat, unabhängig und selbstständig die Arbeit der Bundesregierung zu überprüfen. Der U-Ausschuss kann einberufen werden, wenn mindestens die Hälfte aller Abgeordneten des Parlaments das beantragt. Ein U-Ausschuss kann kein Urteil fällen, es gibt keine Richterinnen und auch keine Angeklagten. Es werden aber Zeugen eingeladen und Expertinnen befragt. Die Ergebnisse werden dann dem Nationalrat übergeben, der das weitere Vorgehen beschließt. Ein U-Ausschuss ist ein wichtiger Bestandteil der Demokratie.

Umwelt

Damit sind die Erde, Wasser, Luft, Pflanzen und Tiere gemeint. Die meisten Bestandteile der Umwelt hängen zusammen und beeinflussen sich gegenseitig. Wenn z.B. aus einer Fabrik schädliche Substanzen in das Kanalsystem aussickern oder in die Luft geraten, dann schädigt das nicht nur das Wasser oder die Luft, sondern auch Pflanzen, Tiere und Menschen. Der Schutz der Umwelt ist daher für uns alle sehr wichtig. Weil die Schäden in der Umwelt auch Ländergrenzen und Grenzen zwischen Kontinenten überschreiten, ist es wichtig, dass der Umweltschutz auch auf internationaler Ebene geregelt wird, das heißt, dass sich alle Länder absprechen und gemeinsam darum kümmern. Es gibt daher auch einen EU-Kommissar für Umwelt. Personen, die sich ganz besonders für den Schutz der Umwelt einsetzen, nennt man Umweltaktivistinnen.

UNESCO

UNESCO steht für »**United Nations Educational, Scientific and Cultural Organisation**« (also **Organisation der Vereinten Nationen für Erziehung, Wissenschaft und Kultur**). Sie wurde 1946 als eine Sonderorganisation der UNO gegründet und Österreich ist seit 1948 Mitglied. Ihr Ziel ist die Förderung von Erziehung, Wissenschaft und Kultur, sowie Kommunikation und Information zur Wahrung von Frieden und Sicherheit weltweit.

UNICEF

UNICEF steht für »**United Nations International Children's Emergency Fund**« (also **Kinderhilfswerk der Vereinten Nationen**). Sie ist 1946 gegründet worden und hat die Aufgabe, Kindern auf der ganzen Welt zu helfen und Mütter zu unterstützen. Dazu gehört z.B. die Hilfe durch Medikamente und Lebensmittel in armen Ländern, aber auch der Versuch, Kindern zu helfen, die von einem Krieg betroffen oder die aus einem Land geflüchtet sind.

UNO

Die Organisation der Vereinten Nationen, englisch »**United Nations Organization**« oder kurz UNO genannt, wurde nach dem Zweiten Weltkrieg als **Weltfriedensorganisation** gegründet. Sie folgte der Organisation des Völkerbundes, der 1919 gegründet worden war. Zu den Zielen der UNO zählen die Aufrechterhaltung des Weltfriedens und der internationalen Sicherheit, die Entwicklung von freundschaftlichen Beziehungen zwischen den Nationen, die Förderung der Achtung der Menschenrechte, der Kampf gegen Hunger und Armut, Drogenhandel und Seuchen, die Förderung der industriellen Entwicklung in den Ländern des Globalen Südens, der Schutz der Kinder, Umweltschutz und viele mehr. Fast alle Staaten der Welt gehören heute der UNO an; Österreich ist seit 1955 Mitglied und Wien ist einer der drei Sitze der UNO, neben New York und Genf.

Verfassung

Die Bundesverfassung ist für den Staat so etwas Ähnliches wie die Grundmauern des Hauses. Sie ist das Hauptgesetz der staatlichen Ordnung, auf dem alle Gesetze und Verordnungen aufbauen. Zum Beispiel regelt sie, welche Rechte einzelne Staatsorgane wie das Parlament oder der Bundespräsident haben, wofür der Bund und wofür die Länder zuständig sind, wer die einzelnen Staatsorgane kontrolliert und welche Grundrechte die im Staat lebenden Menschen haben. Die Verfassung zu ändern ist nicht so einfach wie ein Gesetz zu ändern, man braucht dafür zwei Drittel der Stimmen im Nationalrat und zumeist auch im Bundesrat. Für den Schutz der Verfassung gibt es ein eigenes Organ, den Verfassungsgerichtshof.

Verfassungsgerichtshof (VfGH)

Der VfGH hat die Aufgabe, die Grundordnung des österreichischen Staates zu schützen und das Funktionieren der staatlichen Organe zu gewährleisten. Er prüft z.B., ob Bundes- und Landesgesetze gegen die Verfassung verstoßen oder die Verletzung von Grundrechten. Der VfGH hat seinen Sitz in Wien. Er hat zwölf Mitglieder sowie sechs Ersatzmitglieder, einen Präsidenten und eine Vizepräsidentin.

Verordnung

Eine Vorschrift, die von Verwaltungsbehörden auf Grund bestehender Gesetze für die Allgemeinheit erlassen wird.

Verwaltungsbehörde

Eine Einrichtung, die für den Staat handeln kann und mit Hoheitsgewalt ausgestattet ist, z.B. die Bezirkshauptmannschaft oder ein Magistrat.

Verwaltungsgerichtshof (VwGH)

Seine Aufgabe ist es, die gesamte öffentliche Verwaltung zu kontrollieren. Er ist die oberste Instanz in Verwaltungsangelegenheiten und Personen, die eine Entscheidung eines Verwaltungsgerichts bekämpfen wollen, können sich an ihn wenden.

Veto

Ein Veto einlegen bedeutet, dass jemand gegen etwas Einspruch erhebt bzw. einem Vorschlag nicht zutimmt. Der Bundesrat hat beispielsweise das Recht Gesetzesbeschlüsse des Nationalrates abzulehnen. In aller Regel ist das Veto des Bundesrates nur aufschiebend, weil sich der Nationalrat mit einem so genannten Beharrungsbeschluss über das Veto hinwegsetzen kann. In diesem Fall wiederholt der Nationalrat seinen ursprünglich gefassten Beschluss.
In manchen Fällen ist eine Zustimmung des Bundesrates aber notwendig, er hat dann ein absolutes Vetrorecht. Wenn der Bundesrat nicht zustimmt, kommt das Gesetz nicht zustande.

Vizekanzler

Der Stellvertreter der Bundeskanzlerin.

Volk

Grundsätzlich meint der Begriff eine zusammenlebende Gruppe von Menschen. Wenn in Gesetzen von Staatsvolk, Bundesvolk oder Landesvolk gesprochen wird, ist jeweils die Bevölkerung mit österreichischer Staatsbürgerschaft gemeint.

Volksabstimmung

Eine Volksabstimmung ist einer der Mittel der direkten Demokratie in Österreich. Die Bevölkerung kann dabei direkt über ein Gesetz entscheiden, indem der Nationalrat eine Umfrage anordnet, bei der die Bevölkerung mit »**Ja**« oder »**Nein**« antwortet, also für oder gegen einen Gesetzesbeschluss stimmen kann. Unbedingt vorgeschrieben ist eine Volksabstimmung bei einer Gesamtänderung der Bundesvefassung, das ist z.B. wenn eines der Grundprinzipien der Verfassung geändert wird; möglich ist sie auch bei »heiklen« Bundesgesetzen. In beiden Fällen ist das Ergebnis bindend, das heißt das Parlament muss das tun, was das Volks entscheidet. In Österreich gab es bisher zwei Volksabstimmungen: im Jahr 1978 über die friedliche Nutzung der Kernenergie (Zwentendorf), im Jahr 1994 über die EU-Mitgliedschaft.

Volksanwaltschaft

Ein Kontrollorgan, dessen drei Mitglieder für sechs Jahre vom Nationalrat gewählt werden und die Aufgabe haben, Beschwerden zu überprüfen und dem Nationalrat jährlich Bericht zu erstatten. Wer sich durch Behörden ungerecht behandelt fühlt und alle Rechtsmittel ausgeschöpft hat, kann sich an die Volksanwaltschaft wenden.

Volksbefragung

In einer Volksbefragung wird die wahlberechtigte Bevölkerung nach ihrer Meinung zu einem bestimmten Thema gefragt. Es wird dabei entweder eine Frage gestellt, die mit »**Ja**« oder »**Nein**« beantwortet werden kann, oder es werden zwei Lösungsvorschläge zur Auswahl vorgegeben. Im Unterschied zu einer Volksabstimmung sind die Ergebnisse einer Volksbefragung rechtlich nicht bindend. Außerdem müssen Volksbefragungen abgehalten werden, bevor ein Gesetz beschlossen wird, während es bei einer Volksabstimmung um ein bereits beschlossenes Gesetz geht. Dabei entscheidet das Volks, ob das Gesetz letztendlich auch in Kraft treten soll. Volksbefragungen können nicht nur in ganz Österreich sondern auch in den einzelnen Bundesländern abgehalten werden.

Volksbegehren

Hat die Bevölkerung ein bestimmtes Anliegen und glaubt, dass die gewählten Volksvertreter sich um diese Sache zu wenig kümmern, kann sie sich mit Hilfe eines Volksbegehrens an den Nationalrat wenden. Wenn sich mindestens 100.000 wahlberechtigte Bürgerinnen finden, die das Begehren unterschreiben, haben sie die Gelegenheit, an der politischen Gestaltung mitzuwirken: der Nationalrat muss dann nämlich das Volksbegehren behandeln. Er muss die im Volksbegehren formulierten Anliegen allerding nicht zwingend beschließen. Einfacher ist es, eine Bürgerinitiative zu starten oder eine Petition zu formulieren. Das ist aber natürlich weniger öffentlichkeitswirksam als ein Volksbegehren, über das in den Medien immer ausführlich berichtet wird. In Österreich hat es bisher 35 Volksbegehren gegeben.

Vorzugsstimmen

Neben der Stimme für eine bestimmte Partei kann jeder Wähler auch einer bestimmten Kandidatin der gewählten Partei eine so genannte Vorzugsstimme geben. Damit wird die Chance dieser Person erhöht, ein Mandat im Nationalrat zu erlangen. Wenn ein Kandidat viele Vorzugsstimmen gewinnt, kann er eine Mitstreiterin, die auf der Wahlliste höher gereiht ist, überholen.

Wahl

Die einfachste Möglichkeit für die Bürger in der Politik mitzuentscheiden. Wahlen sind die wichtigste Form politischer Beteiligung in der Demokratie, denn ohne Wahlen ist Demokratie nicht denkbar. Durch Wahlen wird die politische Führung bestimmt und der politische Kurs der nächsten Legislaturperiode (Gesetzgebungsperiode) festgelegt. Alle Wahlberechtigten können ihre Stimme für eine Partei (z.B. bei Nationalratswahlen) oder eine Person abgeben, die sie vertreten soll.

Wahlalter

Um wählen zu dürfen (aktives Wahlrecht), müssen die österreichischen Staatsbürgerinnen 16 Jahre alt sein. Das Wahlalter für das passive Wahlrecht, also das Recht, gewählt zu werden, beträgt bei den Nationalratswahlen, den Landtagswahlen und Gemeinderatswahlen 18 Jahre. Für das Amt des Bundespräsidenten muss man allerdings mindestens 35 Jahre alt sein.

Wahlgeheimnis

In Österreich wird nach dem geheimen Wahlrecht gewählt. Das bedeutet, dass die Stimmabgabe in einer Wahlzelle erfolgen muss, wo niemand sieht, was angekreuzt wird. Dann wird das Wahlkuvert mit dem Stimmzettel in eine Wahlurne geworfen. Es kann also jede wirklich wählen, wen oder welche Partei sie möchte, ohne Angst zu haben, dass jemand davon erfährt.

Wahlkampf

Vor einer Wahl versuchen Parteien, möglichst viele Wähler von sich zu überzeugen und ihre Stimme zu gewinnen. Zum Wahlkampf zählen Auftritte von Kandidatinnen, die sich auf öffentlichen Plätzen den Fragen der Öffentlichkeit stellen und über ihre Ziele informieren, aber auch das Verteilen von Wahlgeschenken, TV-Duelle und Wahlplakate.

Wahlkarte

Wenn man sich zur Zeit der Wahl nicht in der Gemeinde aufhält, in der man seinen Wohnsitz hat, kann man sich eine Wahlkarte ausstellen lassen. Damit kann man seine Stimme auch in einem anderen Ort abgeben, oder im Ausland in einem so genannten Konsulat, das Österreich dort vertritt.

(Fliegende) Wahlkommission

Damit auch bettlägerige Wahlberechtigte ihre Stimme bei der Wahl abgeben können, kann sich die zuständige Wahlbehörde zu den Wählern begeben, um die Stimme abzuholen. Diese »fliegende Wahlkommission« stellt dann vor dem Bett einen Wandschirm auf, damit eine geheime Stimmabgabe möglich ist.

Wahlkreis

Bei einer Wahl wird das Staatsgebiet in Wahlkreise eingeteilt. In Österreich gibt es entsprechend den neun Bundesländern neun Landeswahlkreise. Jeder dieser Landeswahlkreise ist noch einmal in kleinere Einheiten unterteilt. Dabei wird darauf geachtet, dass in jedem Wahlkreis ungefähr gleich viele Menschen wohnen. Ein Wahlkreis auf dem Lande kann also viel größer sein als einer, in dem eine Großstadt liegt. Die Wahlberechtigten innerhalb eines Wahlkreises wählen Kandidatinnen, die sich dort zur Wahl stellen. Wahlkreise sind für die Durchführung der Wahlen außerdem in einzelne Wahlbezirke unterteilt, in denen die Wahllokale liegen. Oft sind das Schulen oder andere öffentliche Gebäude. In diesen Wahllokalen geben die wahlberechtigten Bürger ihre Stimme ab.

Wahlliste

Darauf sind alle Kandidatinnen einer Wahl in einer bestimmten Reihenfolge vermerkt. Wenn ein bestimmter Kandidat auf dieser Liste bei der Wahl besonders viele Vorzugsstimmen bekommen hat oder wenn eine andere Kandidatin auf einem besseren Listenplatz von ihrer Kandidatur zurücktritt, kann er in der Reihung vorrücken.

Wahllokal

Der Ort, an dem eine Wahl stattfindet, also wo man seine Stimme abgeben kann. Jeder wahlberechtigte Bürger ist nach seinem Wohnsitz einem bestimmten Bereich (Wahlsprengel) mit einem Wahllokal zugeteilt. Meistens dienen Schulen oder andere öffentliche Gebäude als Wahllokale, wo am Wahlsonntag so genannte Wahlzellen und eine Wahlurne aufgestellt werden.

Wahlrecht

Man unterscheidet zwischen dem aktiven und dem passiven Wahlrecht. Wer das aktive Wahlrecht hat, darf wählen, wer das passive hat, kann gewählt werden.
In Österreich gilt das Verhältniswahlrecht. Es garantiert allen Parteien, die mindestens vier Prozent der Stimmen bekommen haben, dass sie im Parlament vertreten sind. Das Mandatsverhältnis im Parlament entspricht dabei ungefähr dem Stimmenverhältnis bei der Wahl.
Beim Mehrheitswahlrecht wird hingegen pro Wahlkreis nur eine Abgeordnete gewählt (z.B. in Großbritannien), nämlich die mit den meisten Stimmen. Die Stimmen für andere Kandidaten gehen also »verloren«.

Wahlurne

Die Schachtel oder Box mit einem Schlitz, in den der Umschlag (Wahlkuvert) mit dem ausgefüllten Stimmzettel hineingeworfen wird.

Wahlzelle

Der Raum, in dem die Wählerinnen nacheinander ihre Stimme abgeben, ohne dass jemand dabei zuschauen kann. Meistens ist die Wahlzelle einfach eine Abgrenzung im Zimmer, hinter der sich ein Schreibpult und ein Kugelschreiber befinden. An den Wänden der Wahlzelle hängt eine Liste mit den wählbaren Parteien und Personen.

Wählerevidenz

Ein Verzeichnis aller wahlberechtigten Bürger.

Wien

Die Stadt Wien hat in Österreich eine Sonderstellung. Sie ist die Bundeshauptstadt und damit Sitz der obersten Organe der Republik (Parlament, Bundesministerien, Bundeskanzleramt, Bundespräsidentin, usw.).
Sie ist seit 1922 auch eines der neun Bundesländer der Republik Österreich und sie ist eine Gemeinde, und zwar eine Stadt mit eigenem Statut. Wien muss daher die Organe und Behörden einer Gemeinde, eines Bezirkes und eines Bundeslandes haben. Der Wiener Bürgermeister ist deshalb z.B. auch Landeshauptmann von Wien.

Zentralismus

In einem zentralistischen Staat liegt die ganze staatliche Macht an einem Ort oder sogar bei einer Person. Im Zentralismus gibt es keine selbstständigen Teilstaaten oder Regionen. Das Gegenteil von Zentralismus ist Föderalismus.

INTERNETLINKS UND ADRESSEN

Wo du dich informieren kannst

Bei den angegebenen Adressen handelt es sich nur um einige ausgewählte Institutionen. Angaben zu Institutionen, Parteien oder Organisationen sowie Adressen, Telefonnummern und Links entsprechen dem aktuellen Stand (Oktober 2017). Besonders Internetadressen, die einem schnellen Wandel unterliegen, können sich inzwischen geändert haben. Für die Inhalte der Website kann keine Verantwortung übernommen werden.

Rund ums Parlament

Homepage des österreichischen Parlaments
www.parlament.gv.at

Parlaments-Homepage für Kinder und Jugendliche
www.demokratiewebstatt.at

Führungen
Ab Herbst 2017 wird das Parlamentsgebäude saniert. In dieser Zeit tagt der Nationalrat in der Hofburg und der Parlamentsbetrieb wird auf das neu geschaffene Demokratiequartier verlegt. Auch in dieser Zeit finden Führungen in der Hofburg und im Palais Epstein statt:
www.parlament.gv.at/GEBF/FUEHRUNGEN/

Besuchsmöglichkeiten
Die Plenarsitzungen des Nationalrats und Bundesrats sind im Allgemeinen öffentlich, auch in der Hofburg. Die Öffentlichkeit hat allerdings nur Zutritt, solange ausreichend Platz auf der BesucherInnengalerie vorhanden ist.
Der Besuch der Sitzung wird in der Regel auf eine Stunde beschränkt, damit möglichst viele Personen daran teilnehmen können. Einzelpersonen müssen nicht reservieren, da normalerweise Plätze vorhanden sind. Neben einer Zutrittskarte, die man am Eingang erhält, muss man auch einen amtlichen Lichtbildausweis dabeihaben. Außerdem finden am Eingang auch Sicherheitskontrollen statt.

Das Mindestalter für den Besuch einer Sitzung beträgt zehn Jahre. Jugendliche unter 14 Jahren müssen von einer erwachsenen Person begleitet werden.
www.parlament.gv.at/GEBF/ZUTRITT/ZUTRITTBESU/

Bibliothek
Im Parlament gibt es eine öffentliche Bibliothek, in deren Lesesaal sowohl Abgeordnete als auch alle anderen Leute Bücher lesen können. Während der Sanierung ist die Bibliothek im Palais Epstein am Dr. Karl Renner Ring 1, 1010 Wien untergebracht. **www.parlament.gv.at/bibliothek**

Bürgerservicetelefon
Tel.: +43/(0)810/31 25 60 aus ganz Österreich
services@parlament.gv.at

Parlamentsseiten für Kinder und Jugendliche in anderen Ländern
Australien: **www.peo.gov.au**
Deutschland: **www.mitmischen.de**
Frankreich: **www.parlementdesenfants.fr**
Großbritannien: **www.ukyouthparliament.org.uk | www.parliament.uk/education**
Kanada: **learn.parl.ca/index-e.html**
Schweiz: **www.juniorparl.ch**
USA: **kids.usa.gov**

Politik allgemein

Kinder- und Jugendseiten

www.politik-lernen.at: Servicestelle der Abteilung Politische Bildung des BM für Bildung. Sie unterstützt Lehrerinnen und Lehrer, die politische Bildung vermitteln.

www.wien.gv.at/freizeit/bildungjugend/index.html: Informationen zu Bildung, Förderungen und Freizeitangeboten in Wien von der MA 13

www.hanisauland.de: informative Homepage der Bundeszentrale für politische Bildung in Deutschland für Kinder und Jugendliche

www.kindersache.de: Seite des deutschen Hilfswerks für Kinder im Alter zwischen 8 und 13 Jahren. Dort findest du Informationen zu Rechte von Kindern und vieles mehr.

Sonstige

www.demokratiezentrum.org: Demokratiezentrum Wien – ein virtuelles Wissenszentrum zu Demokratie- und Gesellschaftspolitik und zur Politischen Bildung mit vielen Links zu Ton- und Bildarchiven
Hegelgasse 6/5, 1010 Wien
Tel.: +43/(0)1/512 37 37
office@demokratiezentrum.org

Parteien

Die Freiheitlichen: **www.fpoe.at**
Die Grünen (ab 2017 allerdings nicht mehr im Nationalrat vertreten): **www.gruene.at**
Liste Pilz: **listepilz.at**

Neos: **partei.neos.eu**
Die neue Volkspartei: **www.oevp.at**
Sozialdemokratische Partei Österreich: **www.spoe.at**

Bundesministerien

Bundesministerium (BM) für Arbeit, Soziales und Konsumentenschutz: **www.sozialministerium.at**
BM für Bildung: **www.bmb.gv.at**
BM für Europa, Integration und Äußeres: **www.bmeia.gv.at**
BM für Familien und Jugend: **www.bmfj.gv.at**
BM für Finanzen: **www.bmf.gv.at**
BM für Gesundheit und Frauen: **www.bmgf.gv.at**
BM für Inneres: **www.bmi.gv.at**
BM für Justiz: **www.justiz.gv.at**
BM für Kunst und Kultur, Verfassung und Medien (im Bundeskanzleramt): **www.kunstkultur.bka.gv.at/**
BM für Land- und Forstwirtschaft, Umwelt- und Wasserwirtschaft: **www.lebensministerium.at**
BM für Landesverteidigung und Sport: **www.bundesheer.at**
BM für Verkehr, Innovation und Technologie: **www.bmvit.gv.at**
BM für Wissenschaft, Forschung und Wirtschaft: **www.bmwfw.gv.at**

Bundeskanzleramt: **www.bundeskanzleramt.at**

Staatssekretariat für Diversität, Öffentlichen Dienst und Digitalisierung (im Bundeskanzleramt):
www.bka.gv.at/staatssekretarin-muna-duzdar

EU und Internationales

europa.eu/kids-corner/index_de.htm: Die Kinderecke auf der Seite der Europäischen Union

www.europarl.europa.eu/austria/de/jugend.html: Jugendseite des Informationsbüros des Europäischen Parlaments in Österreich

www.zukunfteuropa.at: Hier informiert die österreichische Regierung über Europa

www.unicef.de/kids: UNICEF for Kids (**Unicef** ist die Abkürzung für **United Nations Children´s Fund** und heißt auf Deutsch **Kinderhilfswerk der Vereinten Nationen**): Du kannst hier über deine Rechte als Kind nachlesen und Kinder in anderen Ländern kennen lernen:

Offizielle EU-Stellen in Österreich

Informationsbüro des Europäischen Parlaments
Wipplingerstraße 35 | A-1010 Wien
Tel: +43/1/516 17-0
www.europarl.at

Europäische Kommission
Vertretung in Österreich
Wipplingerstraße 35 | A-1010 Wien
Tel: +43/1/516 18-0
ec.europa.eu/austria/

Agentur der Europäischen Union für Grundrechte (FRA)
Schwarzenbergplatz 11 | A - 1040 Wien
Tel: +43/1/580 300
information@fra.europa.eu

Medien

Speziell für Kinder und Jugendliche

www.wienxtra.at: wienXtra ist ein junges Stadtprogramm mit vielen Freizeitmöglichkeiten: Partys, Kino, Musik, Medien-Workshops, Sport, Ferienaction, Szene-Events u.v.m. Außerdem gibt´s Infos, ein Medienzentrum, Bildung und Beratung zu verschiedenen Bereichen.

www.schuelerradio.at: Das SchülerInnenradio ist ein Kooperationsprojekt des Bundesministeriums für Bildung mit dem ORF Schulklassen aus ganz Österreich können selbst Radiosendungen zu einem Thema ihrer Wahl gestalten und werden dabei vom SchülerInnenradio unterstützt. Das SchülerInnenradio sendet im ORF-Webradio oe1campus Dienstag und Donnerstag von 19:30 - 20:00.

www.mediamanual.at: Leitfaden zum Umgang und Selbstgestalten von Medien.

www.klicksafe.de: EU-Initiative für mehr Sicherheit im Netz. Hier findest du umfassende Informationen und Tipps, wie du verantwortungsvoll mit dem Internet und den neuen Medien umgehen kannst.

www.staysafe.at: auch hier geht es um die sichere Nutzung des Internets. Diese Seite ist weniger umfangreich als klicksafe.de, aber sie bietet einen guten Überblick und du findest hier Beratungsstellen in Österreich, an die du dich bei Problemen wenden kannst.
www.derstandard.at/r65/Schule: Seite der Tageszeitung **Der Standard** für Schüler

www.kleinezeitung.at/service/kinderzeitung: Die Kleine Kinderzeitung ist eine eigene Zeitung für und mit Kindern

www.kurier.at/leben/kiku: Seite der Tageszeitung **Kurier** für Kinder bis 12 Jahre

www.sowieso.de: eine Online-Tageszeitung für Kinder aus Deutschland

Tageszeitungen allgemein

www.derstandard.at: Der Standard
www.diepresse.com: Die Presse
www.heute.at: Heute
www.kleinezeitung.at: Die Kleine Zeitung (Regionalzeitung aus Kärnten und Steiermark)
www.krone.at: Kronen Zeitung
www.kurier.at: Kurier
www.neue.at: Neue Vorarlberger Zeitung
www.nachrichten.at: Oberösterreichische Nachrichten
www.oe24.at: Österreich
www.salzburg.com: Salzburger Nachrichten
www.tt.com: Tiroler Tageszeitung
www.vn.at: Vorarlberger Nachrichten
www.wienerzeitung.at: Wiener Zeitung

Kultur und Freizeit

Verein Wiener Jugendzentren
Prager Straße 20 | A-1210 Wien | Tel.: +43/(0)1/278 76 45
www.jugendzentren.at

Mobile Jugendarbeit – Back on Stage und Back Bone
Mobile Jugendarbeit in verschiedenen Bezirken Wiens
www.wien.gv.at/freizeit/bildungjugend/jugend/mobile.html
www.bjv.at: Bundesjugendvertretung
www.jungschar.at: Kinderorganisation der Kirche
www.katholische-jugend.at: Katholische Jugend Österreich
www.kindermuseum.at: die Seite des ZOOM Kindermuseums
www.kinderfreunde.at: die größte Familienorganisation Österreichs
www.ppoe.at: Pfadfinder Österreichs
www.rossipotti.de: unabhängiges Literaturmagazin für Kinder

Menschenrechte, Antirassismus etc.

Amnesty International Österreich
Moeringgasse 10; A-1150 Wien
Tel.: +43 1/78008
www.amnesty.at/

ARGE
Jugend gegen Gewalt und Rassismus: Ziel der ARGE ist die Leistung von gewaltpräventiver und antirassistischer Bildungs-, Projekt- und Öffentlichkeitsarbeit mit
Jugendlichen
Karmeliterplatz 2 | 8010 Graz
Tel.: +43 316/90370-101
www.argejugend.at

Gleichbehandlungsanwaltschaft
zur Durchsetzung des Rechts auf Gleichbehandlung und Gleichstellung und zum Schutz
vor Diskriminierung
Taubstummengasse 11 | A-1040 Wien
Tel. +43 1/53 20 244-0 oder Tel. 0800/206 119 (aus ganz Österreich zum Nulltarif)
www.gleichbehandlungsanwaltschaft.at

Initiative Minderheiten
Eine Plattform für Minderheiten in Österreich, die auch eine Zeitung (zum Teil online) und ein freies Radio-Programm (auch online) betreibt.
www.minderheiten.at

Österreichische Arbeitsgemeinschaft für Rehabilitation (ÖAR)
Dachorganisation der Behindertenverbände Österreichs
Favoritenstraße 111/11 | A-1100 Wien
Tel.: +43 1 5131533
www.behindertenrat.at

WIBS – wir informieren, beraten, bestimmen selbst
Beratungsstelle für Menschen mit Lernschwierigkeiten nach dem
Peer-Beratungsprinzip:
Anton-Eder Straße 15 | 6020 Innsbruck
Tel.: +43 512/ 573448
www.wibs-tirol.at

Ludwig Boltzmann Institut für Menschenrechte
Freyung 6 (Schottenhof), 1. Hof, Stiege II | A-1010 Wien
Telefon: +43 1/ 4277 27420
www.bim.lbg.ac.at

Umwelt

Greenpeace
Dort erfährst du, wie du ein Greenteam gründen und dich aktiv für die Umwelt einsetzen kannst, und findest Vorschläge für Mitmachaktionen und Tipps zur Gestaltung von Flugblättern. Außerdem gibt es Informationen über Tiere und Umweltthemen und einige Spiele.
www.kids.greenpeace.de

Global 2000
Eine österreichische Umweltschutzorganisation mit Sitz in Wien.
www.global2000.at

Wohlfahrtsorganisationen

Caritas Österreich: **www.caritas.at**
Diakonie: **www.diakonie.at**
Hilfswerk: **www.hilfswerk.at**
Österreichisches Rotes Kreuz: **www.roteskreuz.at**
Volkshilfe Österreich: **www.volkshilfe.at**

Beratungsstellen

Jugendinfo
unterstützt dich bei allen möglichen Fragen, die auf dem Weg ins Erwachsenenleben so auftauchen
Bundesnetzwerk Österreichische Jugendinfos
Lilienbrunngasse 18/2/41 | A-1020 Wien
Tel: +43 1/934 66 91
www.jugendinfo.at

Kinder- und Jugendanwaltschaft
setzt sich für die Interessen von Kindern und Jugendlichen ein und unterstützt die Rechte von Kindern
Alserbachstraße 18 | A-1090 Wien
Tel.: +431 70 77 000
www.kja.at

Diverses speziell für Kinder und Jugendliche

www.kidsweb.at: hier findest du Infos zu den verschiedensten Themen
www.seitenstark.de: dort findest du mehrere Internetseiten (aus Deutschland), die für gute Unterhaltung, Infos und Spaß sorgen
www.blinde-kuh.de: eine Suchmaschine für Kinder
www.wasistwas.de: hier findest du viele verschiedene Sachthemen multimedial aufbereitet, einen Mitmachbereich mit Rätseln, Quizspielen, Malvorlagen und Experimenten und DVD- und Hörspielausschnitte
www.internet-abc.de: wenn du dich im Internet noch nicht gut auskennst
www.lizzynet.de: eine Internetseite für Mädchen und junge Frauen, mit Chatroom, Internet-Kurs und vielen Infos

Danksagungen

Es freut mich, dass jetzt nach über 12 Jahren die zweite überarbeitete Auflage des Buches »Wer macht die Gesetze« vorliegt. Die Politiker und Politikerinnen waren in dieser Zeit sehr fleißig und haben einige Gesetze beschlossen, die wir eingearbeitet haben. Danke an Katrin Doppler, die das Lektorat für diese zweite Auflage in mühsamen und zahlreichen Stunden durchgefiltert hat!
Danke auch an Carola Holland, die die Illustrationen überarbeitet hat und an Kriemhild Schmied und Elisabeth Schindler-Müller, die uns inhaltlich unterstützt haben.
Es ist ein Buch zum Lesen für jung und alt! Ein Buch, das nicht zuletzt auch die wertvolle Arbeit in der Demokratiewerkstatt unterstützen soll!

Franz-Joseph Huainigg

Impressum

Alle Urheberrechte, insbesondere das Recht der Vervielfältigung, Verbreitung und öffentlichen Wiedergabe in jeder Form, einschließlich einer Verwertung in elektronischen Medien, der reprografischen Vervielfältigung, einer digitalen Verbreitung und der Aufnahme in Datenbanken, ist ausdrücklich vorbehalten.

Autor: Franz-Joseph Huainigg
Lektorat: Katrin Doppler
Gestaltung: Carola Holland
Fotos: Parlamentsdirektion/Bernhard Zofall (Seite 22 und 24)
Druck: myMorawa von Morawa Lesezirkel GmbH

MIX Papier aus verantwortungsvollen Quellen FSC® C001924

ISBN: 978-3-99070-332-8

© 2005 und 2018 – 2. Auflage – Alle Rechte vorbehalten.